Dr. med. Michael Rohr

Freiheit lassen –
Grenzen setzen

Wie Eltern Sicherheit gewinnen
und ihren Kindern Halt geben

Empfehlungen eines Kinderarztes

Herder

Freiburg · Basel · Wien

Meiner lieben Frau
und unseren vier Kindern,
die mich so vieles lehrten!

Gedruckt auf umweltfreundlichem,
chlorfrei gebleichtem Papier

Originalausgabe

Alle Rechte vorbehalten – Printed in Germany
© Verlag Herder Freiburg im Breisgau 1998
Herstellung: Freiburger Graphische Betriebe 1998
Umschlaggestaltung: Joseph Pölzelbauer
Umschlagmotiv: © Hartmut W. Schmidt – Fotografie
ISBN 3-451-04618-0

Inhalt

Ich habe nie verstanden, weshalb man den Zwang von der Freiheit unterscheidet. Je mehr Straßen ich ziehe, um so freier bist du in deiner Wahl. Aber jede Straße ist ein Zwang, denn ich habe sie mit Schranken eingefaßt. Was aber nennst du Freiheit, wenn es keine Straßen gibt, zwischen denen du wählen kannst? Nennst du Freiheit das Recht, im Leeren umherzuirren? Sobald der Zwang eines Weges begründet wurde, steigert sich zugleich deine Freiheit...

Antoine de Saint-Exupéry[1]

Einleitung

Sebastian, ein zweijähriger Junge, wird zur Vorsorgeuntersuchung vorgestellt. Gleich bei der Eröffnung des Gesprächs kommen die Eltern zum entscheidenden Punkt: Keine Nacht können sie durchschlafen. Zwei- bis dreimal jede Nacht, zeitenweise auch sehr viel öfter, müssen sie ihren weinenden Sohn trösten. Durchgeschlafen habe er nur im dritten und vierten Monat, seither nie mehr.

Vor mir sitzt, auf Mutters Schoß, ein unglücklich dreinblickender Sebastian, der meist ängstlich jede meiner Bewegungen verfolgt oder sich mit Mutters Ohrläppchen beschäftigt. Dabei muß er in der einen Hand sein Schmusetuch halten, in der andern die Karottensaftflasche. Die Mutter hält eine angebissene Reiswaffel bereit, Sebastian hat aber den Schnuller im Mund. Unruhig rutscht er hin und her, unternimmt schließlich, „Arm – Arm!" hervorstoßend, einen Fluchtversuch von Mutters Schoß auf Vaters Arm und gleich wieder zurück. Dabei geleiten und unterstützen die elterlichen Hände gleichsam das panikartige Hin und Her Sebastians. Weder Vater noch Mutter scheinen ihn behalten und halten zu wollen, wie wenn ihnen die Kraft dazu fehlte...

Die Eltern schildern zermürbende Nächte nach zäh sich hinziehenden Einschlafritualen. Das Familienklima sei zunehmend gespannt, der chronische Schlafmangel habe eine allgemeine Gereiztheit entstehen lassen.

Es ist wohl unverkennbar: Die Ruhe- und Haltlosigkeit des Kindes in der Praxissituation und die schwere Störung seines Schlafverhaltens haben viel miteinander zu tun!

Was aber fehlt hier, was wurde nicht angelegt? Oder ging hier etwas verloren? Wie könnte man helfen, es wiederzufinden?

Sebastian hat offensichtlich keinerlei Vertrauen in sich selbst aufbauen können: Der Besuch beim Arzt – für viele Kinder eine gewisse Belastung – ist für ihn eine hoffnungslose Überforderung. Aber auch der allnächtliche Verzicht auf das ständige Zugegensein und Umsorgen der Eltern ist schon zuviel für ihn. Mit der Zeit haben die Eltern sich ein ganzes Repertoire an Beruhigungsangeboten angeeignet, welches aber im „Ernstfall" Sebastians Not eher noch zu vergrößern scheint: Er findet bei sich selbst keine Verankerung, kein Fundament, keine Sicherheit, und aus der vielfältigen, fast konfusen Bemühtheit der Eltern um sein seelisches Gleichgewicht muß er den Eindruck gewinnen, daß er auch allen Grund dazu hat, beunruhigt zu sein.

Es fehlt schlicht an *Selbstvertrauen!* Aber weswegen? Die zentrale Frage, mit der wir Eltern uns gerade zu Anfang konfrontiert sehen, ist doch: Was erwartet ein Kind von seinen Eltern? Was sollten sie ihm gewähren können, um ihm die besten Chancen für eine glückliche Entfaltung seiner Möglichkeiten zu sichern?

Unstrittig natürlich Liebe und Geborgenheit! Das setzen wir voraus. Es kommt aber sehr wohl auf das „Wie" an: *Wie* äußert sich unsere Liebe, *auf welche Art* können wir unserem Kind das Gefühl der Geborgenheit vermitteln? Davon soll in diesem Buch die Rede sein.

Was bei vielen Eltern heute Fragen aufwirft und sie immer häufiger vor schier unlösbare Probleme stellt, das ist das *Setzen und Einhalten von Grenzen.* Daß wir darum nicht herumkommen im Alltag mit Kindern, wie wir ja überhaupt im Umgang miteinander uns Regeln geben müssen, das ist in den vergangenen Jahren immer deutlicher geworden, gerade auch durch die wohlwollend-kritische Auseinandersetzung mit der sogenannten antiautoritären Erziehung.

Dabei zeigt sich, daß es mit den Grenzen viel leichter

geht, wenn sie *von Anfang an* da sind. Die Begrenztheit des Ungeborenen ist naturgegeben und sichert seine Entwicklung und Reifung. Aber auch nach der Geburt schreitet die Entfaltung des Kindes zuverlässiger und im Ergebnis besser voran, wenn der anfänglich sichere Halt *erst ganz allmählich* nachgibt und jeweils nur soviel Raum gewährt, wie vom Kind auch ausgefüllt wird.

Erfahrungen, die von vielen Eltern auf erstaunlich ähnliche Weise immer wieder gemacht werden, sollten doch auch für andere zugänglich gemacht werden können, oder nicht? Dieses Bedürfnis ist so verbreitet wie die alltägliche Ratlosigkeit vieler Eltern, und entsprechend umfangreich ist die verfügbare Literatur.

Aber: Allzu oft klafft eine Riesenlücke zwischen Theorie und Praxis! Diese Lücke schließen zu helfen ist das Ziel, das ich mit diesem Buch verfolge.

In jedem Kapitel findet sich ein *Merksatz*, der das jeweilige Thema auf den Punkt bringt. Er klingt wie ein Appell aus dem Mund des Kindes. Insgesamt ergibt sich eine knappe Liste seiner acht innigsten Wünsche an uns Eltern.

Mit ein wenig Übung wird jede Mutter, jeder Vater auch beim eigenen Kind bald wahrnehmen, daß es immer wieder genau diese Bedürfnisse deutlich macht, wenn wir erst einmal die Signale richtig zu deuten gelernt haben, und daß es eine unerschütterliche, geradezu ansteckende Lebensfreude, Kreativität und Ausgeglichenheit entwickeln wird, wenn seine wirklichen Sehnsüchte erfüllt werden.

Was darf die Leserin, der Leser erwarten? Ich denke, vor allem Ermutigung! Ermutigung von der Sorte, daß Sie oft das Gefühl haben werden: Das habe ich eigentlich auch so empfunden – obwohl man doch immer hört und liest, man solle nicht – und man müsse doch – !?

Genau diese Art Ermutigung habe ich reichlich gebraucht und erhalten bei meiner beratenden Tätigkeit in der Sprechstunde und für das vorliegende Buch, und zwar hauptsächlich von meinen Gesprächspartnern, den Eltern, die ich auf ihrem spannenden Weg durch die oft schwierigen Jahre begleiten durfte. Elternschaft ist wie eine Atlantiküberquerung mit einem Segelboot: Erst unterwegs ahnt man, auf welches Abenteuer man sich da eingelassen hat, und da kann man ein wenig Ermutigung meist recht gut gebrauchen!

MEHR MUT!
ist also die Devise, und wenn Eltern mutiger sind, dann können sie auch ihrem Kind *mehr Rückhalt bieten*, sowohl gegen die nächtlichen Ängste vor dem Alleinsein als auch in der Begegnung mit dem Kinderarzt!

1.
Halt finden macht Babys glücklicher

Janine, elf Monate alt, hat hohes Fieber. Die Mutter bittet mich telefonisch um einen Hausbesuch. Auf dem Weg dorthin vergegenwärtige ich mir noch einmal die Verhältnisse, in denen das Kind aufwächst: Die Eltern sind stets sehr um das Wohl ihrer Tochter bemüht, bei Befindlichkeitsstörungen meist ziemlich besorgt, was ich teilweise auf die Vorgeschichte zurückführe: Janine kam als Frühgeborenes auf die Welt. Die Intensivpflege mit maschineller Beatmung über drei Wochen verlief zwar ohne Komplikationen, stellte aber eine Belastung für alle Beteiligten dar.

Nach der Entlassung aus der Klinik litt Janine bald unter heftigen Bauchkoliken, obwohl sie voll gestillt wurde. Sie entwickelte sich zu einem sogenannten Speikind, d.h., sie erbrach häufig kleinere Mengen Milch und litt unter Sodbrennen. Um ihre ständige Unruhe zu mildern bewährte es sich, sie im Arm zu wiegen, bis sie schlief.

Objektiv gedieh Janine erfreulich gut, entwickelte sich zu einem meist gut aufgelegten, am Familiengeschehen interessiert teilnehmenden Baby. Nur mit dem Schlafen haperte es ab dem fünften Monat zunehmend, obwohl die Bauchbeschwerden sich fast ganz verloren hatten: Mehrfach jede Nacht mußte sie angelegt werden, um weiterschlafen zu können. Noch schlimmer wurde es jedesmal, wenn sie Schnupfen bekam oder sich ein Zähnchen meldete.

Bei meiner Ankunft öffnet die Mutter mit Janine auf dem Arm, die sofort zu weinen anfängt, als sie mich sieht. Die Mutter berichtet, das Fieber sei vor einigen Stunden aufgetreten und lasse sich kaum senken. Sonst fehle der

Tochter aber anscheinend nichts, sie sei zeitweise guter Dinge, spiele oder erzähle, trinke gut, wolle aber nicht mehr mit dem Löffel essen und lasse sich überhaupt nicht mehr hinlegen.

Die anschließende Untersuchung Janines gestaltet sich etwas mühsam. Immerhin gelingt es, die anfängliche Angst in wütenden Protest umzuwandeln. Auffällige Befunde ergeben sich nicht.

Ich erläutere der Mutter meine Verdachtsdiagnose: Augenscheinlich handelt es sich um das sogenannte Drei-Tage-Fieber, eine harmlose, allerdings meist hochfieberhafte Virusinfektion.

Der weitere Verlauf bestätigt die Diagnose: Am dritten Tag verschwindet das Fieber, statt dessen tritt vorübergehend der charakteristische Ausschlag auf, der mir in der Sprechstunde gezeigt wird. Diesmal sind beide Eltern anwesend, trotz des Entfieberns keineswegs erleichtert. Sie berichten, Janine habe große Schmerzen, die jedesmal prompt aufträten, wenn man sie abzulegen versuche, so daß sie den ganzen Tag und großenteils auch nachts in der Wohnung umhergetragen werden müsse. Unzähligemal müsse sie angelegt werden, wobei sie aber auch an der Brust schreie. Fröhliche Momente habe sie gar nicht mehr, meist sei sie quengelig oder apathisch.

Nach gründlicher Untersuchung und Durchführung von Blutbild und Urintest – ohne krankhaften Befund – setze ich mich mit den Eltern zusammen und erkläre ihnen, Janine sei körperlich zwar genesen, durch das Erlebnis aber noch etwas durcheinander. Nicht nur das Gefühl, krank zu sein, habe noch Nachwirkungen. Verunsichernd wirke sich vor allem auch die Tatsache aus, daß sie, die Eltern, sich aus verständlichen Gründen völlig anders verhielten als gewohnt. Ich verspreche ihnen: „Janine ist sicher rasch wieder die Alte, wenn Sie selbst entschlossen wieder zur üblichen Tages- und Nachtordnung zurückkehren und alles andere als Flausen betrachten. Sie sind doch schließlich die Eltern!"

Einige Tage später berichten die Eltern telefonisch: Sie haben wieder eine fröhliche, gesunde Tochter.

Was ist so bezeichnend am Fall der kleinen Janine für unser Thema des Haltfindens? Woran fehlt es ihr wohl am meisten, neben den krankheitsbedingten Beschwerden? Am deutlichsten wird ihr Problem erst gegen Ende der Erkrankung: Die Beeinträchtigung der Tochter versetzt die Eltern in unverhältnismäßige Trauer und Sorge. Das wiederum hat zur Folge, daß ihr Verhalten in den Augen ihres Kindes völlig verändert erscheint. Anders ausgedrückt, zu dem kleinen Leid des Krankseins kommt ein weit größeres hinzu, nämlich das fatale Gefühl, daß *etwas Grundlegendes* zu Bruch gegangen ist.

Der Verlust an Lebenslust gleicht einem *Ping-Pong-Effekt:* Auslöser für Janines Mattigkeit und Unlustgefühle ist natürlich die fiebrige Erkrankung; bei den Eltern aber löst das große Sorgen aus und bringt die gewohnte, fröhliche Grundstimmung schlagartig zum Erliegen. Dies wiederum betrauert Janine, denn schließlich hat ihre vertraute Welt einen gehörigen Knacks abgekriegt. Die fortgesetzte Apathie vergrößert die elterliche Sorge noch, der *Teufelskreis* ist perfekt. Erst durch Erweiterung des diagnostischen Aufwands und ein eingehendes Gespräch gelingt es, zu intervenieren und den Kreislauf der *wechselseitigen Trauerreaktion* zu durchbrechen.

Sicher hängt die ängstliche Reaktionsweise der Eltern mit den schwierigen Tagen und Wochen nach der Geburt zusammen, die sie natürlich nicht vergessen können. Ähnliches läßt sich auch für das Baby mutmaßen. Diese Erfahrungen der ersten Zeit waren sicherlich auch die Hauptursache für die Bauchbeschwerden und das häufige Spucken, doch davon später *(Kap. 4)*.

Das entscheidende Manko ist: Ängstliche oder verunsicherte Eltern sind nicht in der Lage, ihrem Kind den notwendigen Rückhalt zu bieten, den es gerade dann so nötig hat, wenn es besonders hilfebedürftig ist, etwa im Krankheitsfall. Denn zu den unmittelbar durch die Erkrankung bedingten Beschwerden *(„...alles tut weh und ist häßlich!")* tritt noch die Trauer über den Verlust des Gewohnten *(„...nichts mehr ist schön und in Ordnung!")*, wenn die Eltern sich durch die Erkrankung ihres Kindes in ihrer ängstlichen Grundhaltung bestätigt sehen: Sie werden ihre Ängstlichkeit nicht verbergen können und – vielleicht allzu mitleidig – sich völlig aus dem Lot bringen lassen. Dadurch werden sie aber ungewollt ihrem haltsuchenden Kind den Teppich der Geborgenheit unter den Füßen wegziehen *(„...vor allem meine Eltern sind kaum noch wiederzuerkennen!")*.

Wie schon gesagt, spitzt sich dieser Vorgang der wechselseitigen Verunsicherung oft im Lauf der Erkrankung immer mehr zu, so daß erst nach dem Höhepunkt, unter Entfieberung und allmählicher Genesung, die Stimmung so richtig auf den Nullpunkt kommt: Das Kind ißt nicht mehr, die Familie schläft nicht mehr, die Nerven liegen blank, alle sind deprimiert. Fast ein Wunder, wenn jetzt *keine* Komplikation eintritt, wie etwa eine Mittelohrentzündung oder Lungenentzündung!

Wie kommt es zu dieser Zeitverschiebung des allgemeinen Köpfe-Hängenlassens? Natürlich zehrt es von Tag zu Tag mehr an den Kräften; schließlich kann es anstrengender sein, einen Kranken zu pflegen, als selbst krank zu sein. Hinzu kommt aber im Erleben des Kindes, daß die Eltern ihre fröhliche Unbekümmertheit so gänzlich verloren haben, und dieser Verlust wird vom Kind um so schmerzlicher wahrgenommen, wenn die ärgsten, krankheitsbedingten Beschwerden schon vorbei und die Sinne wieder wacher sind.

Glücklicherweise suchen die meisten Eltern, wenn sie in eine ähnliche Lage geraten sind, ihrerseits Rat und Rückhalt, indem sie z. B. den Kinderarzt aufsuchen, der ja in der Mehrzahl der Fälle eine ernsthafte Erkrankung ausschließen und meist auch Linderung verschaffen kann. Hilfreich kann es auch sein, wenn Erfahrungen und Trost bei den

Großeltern eingeholt werden können („...das habt ihr auch immer gehabt! Halb so schlimm! Du machst am besten...."), oder bei Geschwistern, Freunden und guten Nachbarn: Man ist nicht allein mit der schwierigen Situation.

Kehren wir zu Janine zurück: Nicht erst beim ersten fieberhaften Infekt wurden die Eltern mit den Nöten eines Säuglings konfrontiert: Gleich nach der Geburt plagten sie sich mit den Unabänderlichkeiten einer Intensivpflege. Kaum entronnen, stellten sich die berüchtigten und auch bei gesund geborenen Babys so häufigen Drei-Monats-Koliken ein. Ruhiger konnte sie erst werden, als es den Eltern gelang, selber sicherer zu werden und Janines erfreuliche Entwicklung zu genießen.

Erster Merksatz: **Gib mir Halt!**

Dieser Appell steht nicht von ungefähr über allem elterlichen Handeln, denn zumindest am Anfang ist es der alles umfassende Kindeswunsch, wieder sicher aufgehoben zu sein wie in Mutters Schoß. Gleich nach der Geburt, spätestens beim Auftreten der ersten Störungen des Wohlbefindens, z. B. in der zweiten oder dritten Woche, kommt es sehr darauf an, wieviel Halt und Sicherheit dem beunruhigten Baby geboten wird.

Und da fängt unser Problem auch schon an! *Sicherheit ist oft Mangelware* bei jungen Eltern, gerade bei denen, die die besten Absichten und eine Menge Talent und Kenntnisse für ihre neue Aufgabe mitbringen. Ich sage das mit vollem Nachdruck, nicht nur betroffenen Eltern in der Sprechstunde, sondern auch an dieser Stelle: Ein sensibles Baby, welches viel Beruhigung braucht und nur auf dem Arm einschläft, läßt nach aller Erfahrung auf große elterliche Liebe und Bereitschaft zur Verantwortung schließen[2]!

Allen Betroffenen folglich zum Trost: Das entscheidend Notwendige für Ihr Baby haben Sie reichlich, alles andere ist sekundär und läßt sich lernen!

Betrachten wir einmal genauer, welche Erwartungen ein Kind an seine Eltern hat: Welche Art Unterstützung braucht es für die ersten Etappen seines Lebenswegs? Wie kann es immer wieder Ruhe finden, um Energie zu sammeln für Entdeckungslust und schöpferisches Tun?

Um unseren ersten Merksatz: *„Gib mir Halt!"* als den ursprünglichsten aller Wünsche am Beginn unseres Lebens in seiner Bedeutung zu erfassen, sollten wir uns einmal in die *Lage des Neugeborenen* versetzen:

Es hat einen ganz entscheidenden Schritt hinter sich, eine so *nachhaltige Veränderung seiner Lebensumstände*, wie sie zeitlebens nicht mehr eintreten wird. Es hat, so scheint es, alles verloren, was sein Leben ausmachte bis zum Zeitpunkt seiner Geburt[3]: Alles war erfüllt von Geräuschen und Lauten des Körpers der Mutter. Vor allem aber war es geprägt von beständiger Bewegung, verläßlichem Gehaltensein. Das ist es, was das Neugeborene von der Mutter weiß, wonach es sich zurücksehnt, wovon es jedenfalls nicht so leicht Abschied nehmen kann.

Natürlich bedeutet Geborenwerden einen unendlichen Gewinn an freien Entfaltungsmöglichkeiten. Diese verlockenden, neuen Chancen wird das Baby aber um so freudiger nutzen, wenn wir ihm immer reichlich *„Mutterleibsgefühle"* ermöglichen, sobald es äußert, sich nicht mehr behaglich zu fühlen.

Betrachten wir einmal die verschiedenen *Bedürfnisse* des Babys im einzelnen:

- *Gehaltensein,*
- *Bewegtwerden,*
- *Laute und Geräusche,* vor allem die *vertraute Stimme,*
- *Nahrung.*

Wir sehen, bis auf den letzten Punkt knüpfen die genannten Bedürfnisse unmittelbar an die vertrauten Wahrnehmungen des vorgeburtlichen Lebens an, vermitteln dem

Baby Geborgenheit und ermöglichen ihm, zu sich selbst zu finden, zu Ruhe und Entspannung zu kommen.

Daß dieses bewegte Gehaltensein die grundsätzliche Lebenswelt des Säuglings ist, wird uns noch verständlicher durch die Beobachtung von *Naturvölkern*: Täglich viele Stunden wird das Kind am Körper getragen, nimmt teil an den Tätigkeiten seiner Mutter. Bei Nomaden – hier sind die ursprünglichen Gegebenheiten der Menschheit noch präsent – ist das beständige Bewegtsein ein *Unterwegs-Sein*, und für das Baby vermittelt dieses beständige Bewegtsein, *nicht verlassen* zu sein.

Dieses vollkommene Aufgehobensein, das Gefühl, *Teil eines lebendigen Ganzen* sein zu dürfen[4], dessen Größe mit den Sinnesmöglichkeiten des Kindes auch nicht annähernd erfaßt, wohl aber erahnt werden kann, diese Eindeutigkeit der Lebensumstände bildet die Grundlage für das, was wir *Urvertrauen*[5] nennen: Die sichere, auf der Gefühlsebene verankerte Gewißheit, daß die Welt verläßliche Konturen hat, die wir mehr und mehr erfahren können, wenn wir uns nur darum bemühen.

Dieses Fundament des Urvertrauens sollte allmählich so tragfähig werden, daß es auch Belastungen standhält. Bei Janine hat es da noch ziemlich gehapert. Wir werden uns noch mit den unvermeidlichen, kleinen und großen Nöten befassen, mit denen wir uns eigentlich von Geburt an auseinandersetzen müssen und die wir unseren Kindern bestenfalls lindern, grundsätzlich aber nicht abnehmen können. Allen, die es noch bedauern, daß wir Eltern unsere Kinder nicht wirklich vor leidvollen Erfahrungen bewahren können, sei zum Trost gesagt: Leid ertragen zu lernen, es nach Möglichkeit zu meistern und gestärkt daraus hervorzugehen, ist eine unabdingbare Voraussetzung auf dem Weg zu *Selbstvertrauen und Ich-Stärke!*

Es kommt also nicht darauf an (und wäre auch gar nicht möglich), Leid generell zu verhindern oder um jeden Preis unverzüglich zu beseitigen, sondern allenfalls um Linderung, in jedem Fall aber um Sicherheit vermittelnde

Begleitung durch die Bewährungsprobe, sei es nun eine heftige Erkrankung oder nur das kleine, alltägliche Bauchgrimmen!

In solchen Belastungssituationen, natürlich auch in unbeschwerten Stunden, ist das Baby dankbar, wenn die oben genannten Bedürfnisse erfüllt sind, wenn also *„alles in Ordnung"* ist, und es wird Ruhe finden, so gut es geht, und seinen Eltern keine größeren Probleme bereiten. Im Gegenteil, es gibt ihnen die Bestätigung zurück: *„Ich weiß es, daß ihr mich liebt, ich kann es richtig fühlen!"*

Umgekehrt: Wenn es häufig unruhig ist und weint, nicht in den Schlaf findet oder oft schon nach kurzer Zeit wieder schreiend erwacht, wenn die Eltern rund um die Uhr beschäftigt sind mit Beruhigungsmaßnahmen, die doch nicht recht helfen, dann fehlt offensichtlich etwas Wesentliches, und die Eltern sollten sich nach Ausschluß einer körperlichen Erkrankung einige Fragen stellen, damit das Leid für alle Beteiligten nicht immer größer wird:

- Deuten wir die Signale denn richtig, oder mißverstehen wir vielleicht die Wünsche?
- Genauer: Ist es möglich, daß unser Baby etwas ganz anderes nötig hat als das, was wir ihm gerade anzubieten versuchen?
- Wenn ja: Wie könnten wir dieses Kommunikationsproblem lösen?

Vergegenwärtigen wir uns noch einmal die genannten Bedürfnisse des Neugeborenen: Die drei ersten (Gehaltensein, Bewegtwerden, Stimme und Geräusche) entsprechen der Erinnerung des Fühlens. Das Baby sehnt sich nach dem, was ihm so lange selbstverständlich war, vor allem dann, wenn es verunsichert ist. Demgegenüber handelt es sich bei der *Nahrungsaufnahme* um ein ganz neues Grundbedürfnis, ohne den Charakter des seit je Vertrauten. Im Gegenteil: Das Trinken ist nicht nur mit Lustgefühlen verbunden, sondern oft auch mit Unannehmlichkeiten, zum Beispiel Mühe beim Aufstoßen, unangenehmem Geschmack, falls wieder etwas von der Mahlzeit hochkommt, Sodbrennen, Bauchkoliken und Blähungen.

Wenn *Sie* nun, liebe Leserin, lieber Leser, ein solches Baby hätten, das sich so plagen müßte, wie würden Sie reagieren, was würden Sie zur Linderung versuchen?

Nach all unseren Betrachtungen sollten wir sicher in einer solchen Situation das Baby auf den Arm nehmen, eng umschlossen oder eingemummelt in ein Tuch, so daß es sich anschmiegen kann und Halt findet, unsere sanften Bewegungen und Worte spürt, und wir sollten uns nicht aus der Ruhe bringen lassen, wenn es auch dort noch eine Weile braucht, bis es seinen Unmut ausgeweint hat und beginnt, sich behaglicher zu fühlen. Denn selbst die ärgste Pein, das heftigste Bauchweh ist halb so schlimm und bald vergessen, wenn es spürt: *Das ist mein zu Hause*, und das fühlt sich *fest und verläßlich* und sehr vertraut an!

Bei sehr empfindsamen, schwer zu tröstenden Babys wirkt es manchmal Wunder, wenn wir mit *Kinderwagen oder Tragetuch* die Wohnung verlassen und mit entschlossenen Schritten einen halbstündigen Spaziergang machen: Unzählige Elterngenerationen kennen die entspannende, wohltuende Wirkung, wenn man einfach vor der drohenden Verzweiflung reißaus nimmt, anstatt sich von der hilflosen Hektik anstecken zu lassen, die von einem haltlos weinenden Baby ausgehen kann.

Leider reagieren aber sehr viele Eltern ganz anders, auch die von Janine: Meistens werden unruhige oder weinende Babys für hungrig gehalten, selbst wenn sie gerade erst getrunken haben und eigentlich satt sein müßten, und folglich wird oft mehrfach *probiert*, ob sie nicht vielleicht doch noch hungrig sind. Auch in der Stillberatung *(s. Kap. 4)* wird oft behauptet, daß ein Säugling immer angelegt werden solle, wenn er schreie. Offenbar ist es für uns schwer vorstellbar, daß ein Baby auch einmal ganz andere Bedürfnisse hat als zu trinken, und daß diese anderen Bedürfnisse oft viel wichtiger sind *(s. Kap. 2)*!

19

Vergleichen wir noch einmal mit dem Säugling eines Nomadenstammes, um festzustellen, woran es den meisten Babys unserer hochzivilisierten Welt fehlt: *Teilzuhaben an einem lebendigen, großen Ganzen, immer Gleichen!*

Wissenschaftler bestätigen: *Kommunikationsprobleme* zwischen Babys und ihren Eltern sind in unserer Gesellschaft leider sehr häufig geworden[6,7]. Zur Bewältigung dieser Probleme ist es also notwendig, besser zu verstehen, was unser Gegenüber meint, und umgekehrt sollten wir selbst eine klare, für Babys gut verständliche Körper- und Tonfall-„Sprache" sprechen. Das ist gar nicht so schwer, wir werden das in den nächsten Kapiteln näher betrachten.

Janine bekam zwei Jahre später eine kleine Schwester, Birte. Diesmal ging alles glatt, keine Frühgeburt, keine bangen Wochen. Dennoch hatte auch Birte gelegentlich Bauchwehattacken und Schreistunden. Die Eltern waren aber jetzt viel besser in der Lage, mit einfachen Mitteln zu helfen und das Baby zu beruhigen: Sie hatten gelernt, daß das Weinen häufig nicht „Hunger nach Nahrung", sondern „Hunger nach Geborgenheit" bedeutete. Sie wußten jetzt auch, daß das Strecken und Durchbiegen, das Rückwärtsziehen mit dem Köpfchen keineswegs „mehr Raumbedarf" oder „Streben nach Freiheit" ausdrücken sollte, sondern daß Birte sich viel besser beruhigte und sichtlich zufrieden wurde, wenn man den ausfahrenden Bewegungen sanften Widerstand entgegensetzte. Wenn etwa beim Wickeln oder Baden Unruhe aufkam, genügte es oft, einfach ein Bein oder die Arme zu halten, möglichst angewinkelt an den Körper, so daß die ausfahrenden Bewegungen sanft gehemmt wurden. Es sah aus, als könne sich Birte auf diese Weise „sammeln". So richtig behaglich wurde es ihr, wenn man sich in einen gemütlichen Sessel sinken ließ und sie sich anschmiegen durfte, die Beinchen in Hockstellung, das Köpfchen an die Schulter gekuschelt.

Es hatte sich bald eingebürgert, daß der Vater abends die Aufgabe übernahm, „Außenbord-Uterus" zu sein: Er konnte mal die Füße hochlegen, Birte fand es gut, daß sich nichts aus der Ruhe bringen ließ oder nachgab, und Janine freute sich, daß Papa so schön Zeit hatte für das Bilderbuchbetrachten.

Die Eltern hatten rasch gelernt, daß Birte sich überhaupt nicht gestört fühlte, wenn das Familienleben in normaler Lautstärke fortplätscherte; im Gegenteil: Sie fand um so leichter in den Schlummer, wenn geredet, gelacht und gesungen wurde und wenn das seit Monaten eingespielte Gute-Nacht-Ritual für die große Schwester wie gewohnt ablief, eben ohne Rücksicht auf das Baby, das es sichtlich genoß, dabeisein zu dürfen, ohne mitmachen zu müssen!

Eine wichtige, nicht selten schwierigere Frage ist es, wie es denn Eltern fertigbringen sollen, ihrem Kind den nötigen Halt zu gewähren, während sie selbst vielleicht durch vielerlei Alltagssorgen, berufliche oder familiäre Spannungen belastet sind und daher von Gelassenheit und Geduld nicht die Rede sein kann. Da wird es keine Patentrezepte geben können, um so mehr aber auf ein kluges *Haushalten mit den seelischen und körperlichen Kräften* ankommen. Sehr zu empfehlen ist eine entsprechende *Geburtsvorbereitung*, die sich beide werdenden Eltern möglichst gemeinsam gönnen sollten. Aber auch wenn das Baby bereits da ist, sollte man Zeiten im Tages- und Wochenplan festlegen, in denen man etwas „für sich" tut, im doppelten Sinn: Schwimmen, Gymnastik, Entspannungstechniken, geeignete Hobbies, kleine Wanderungen, Besuch von kulturellen Veranstaltungen, gute Lektüre u.v.a.

Sehr wichtig ist die „*Gesprächspflege*" der Eltern untereinander: Wir wissen, wenn Menschen sehr eng miteinander zu tun haben und dann Belastungen eintreten, z. B. wenn in einer Familie Zuwachs verkraftet werden soll, kommt es notgedrungen zu Reibungen, unterschiedlichen

Wahrnehmungen und verschiedenen Sichtweisen bei den Beteiligten. Das kann bei eigenständigen Persönlichkeiten gar nicht anders sein. Aber: Wohl denen, die sich regelmäßig aussprechen und Übung darin haben, vor allem auch im Zuhören!

Dem gleichen Zweck dienen *Elternkreise*, wie sie von den verschiedensten Trägern angeboten werden, abgesehen von der dort verfügbaren Erfahrung und konkreten Hilfe.

Nicht zuletzt sollte der *Kontakt zu guten Freunden* nicht vernachlässigt werden, gerade wenn es mit dem Baby nicht so glatt wie gewünscht läuft! Es hilft fast immer, die Dinge nicht gar zu eng zu sehen, wenn man sich mitteilen, evtl. mit anderen jungen Eltern Erfahrungen austauschen kann.

Am besten, man geht gemeinsam spazieren: Die Kleinen werden so am wenigsten stören! Das ist überhaupt in vielen Lagen ein gutes Rezept: Wenn gar nichts mehr hilft, nicht die Wände hochgehen, sondern vor die Hütte!

Zusammengefaßt:

Es ist ganz verständlich, wenn ein Neugeborenes oft weint und keine Ruhe zu finden vermag. Schließlich wurde es durch die Geburt seiner vertrauten Umgebung, seines schützenden Gehäuses beraubt. Wenn es auf die Erfahrungen in der „neuen" Welt mit Unbehagen reagiert, sollten wir Eltern deswegen keine Schuldgefühle haben. Es wird sich aber um so leichter beruhigen, wenn wir rechtzeitig und immer wieder von neuem *etwas für uns selbst tun*, was uns Sicherheit und Geborgenheit vermittelt, denn wir können nur weitergeben, wovon wir genug besitzen!

Für das Baby bewährt es sich besonders, wenn wir möglichst viel von der vorgeburtlichen Situation wiederherstellen: *Eng umschlossenes Halten* mit angehockten Beinchen, Körper an Körper, damit sich Herzschlag, Atemrhythmus und vor allem die *Stimme* mitteilen können. Denn nur Vertrautes, schon lange tief Erlebtes kann das Gefühl wiederherstellen, gut aufgehoben zu sein, wenn Verunsicherung eingetreten ist.

Nehmen wir so oft wie möglich noch das Moment der *Bewegung* hinzu, am besten, indem wir uns selbst Bewegung verschaffen und unser Baby mitnehmen! Das Gehen verbindet uns ja in einem *Maß-gebenden, gemeinsamen Urrhythmus*. Das Baby wird es genießen, sich entspannen und einschlafen, und wir können tief Luft holen: Das wäre mal wieder geschafft!

2.
Wiedererkennen von Vertrautem schafft Vertrauen

Jan wird mir im Alter von vier Wochen vorgestellt, weil er nicht satt wird, wie die Mutter sagt. Er wird noch voll gestillt, schreit aber nach fast jeder Mahlzeit anhaltend, besonders spät nachmittags und abends. Er wird dann reichlich in der Wohnung herumgetragen, was aber auch nur leidlich hilft, so daß ihn die Mutter oft schon nach einer halben Stunde erneut anlegt. Schließlich ist er überhaupt nicht mehr zu beruhigen und legt „seine Schreistunde" ein.

Eigentlich hatte die Mutter nur telefonisch einen Termin für die nächste Vorsorgeuntersuchung vereinbaren wollen. Weil erst in der übernächsten Woche ein Termin frei war, fragte sie schon mal meine Helferin (selbst Mutter), welche Nahrung ich zum Zufüttern empfehle. Sie bekam daraufhin einen eingeschobenen Kurztermin noch am selben Tag.

Bei der Untersuchung findet sich ein gesundes, vital schreiendes Baby. Nur der anhaltende Schluckauf und der etwas ausladende Bauch fallen auf. Die Waage beweist einen Gewichtsanstieg von siebenhundert Gramm seit Entlassung aus der Entbindungsklinik zweieinhalb Wochen zuvor. Ich erkläre der Mutter, daß es Jan bestimmt an nichts mangelt, daß er sich aber schwertue, die Nahrungsmenge zu verkraften. Immerhin nimmt er erheblich schneller zu, als es dem Erfahrungs-Optimum von 150-200 g pro Woche entspricht.

Die Mutter kann das nicht glauben: „Er schnappt nach allem und saugt gierig daran, zieht vor Hunger die Beinchen an, und ich habe kaum noch Milch!"

Zum Glück bin ich fast fertig mit der Sprechstunde. Wir setzen uns nachher nochmal zusammen und beratschlagen, was zu tun ist.

Das Beispiel Jan steht für sehr viele Babys, die schon mit wenigen Wochen vorgestellt werden, weil sie auffallend unruhig sind, anscheinend nicht satt zu kriegen sind und anhaltende Schreiattacken bieten. Wenig später wird das *Schreibaby* meist zum *Speibaby*. Mehr dazu in *Kap. 5,* hier nur soviel: Die Großmütter hatten schon recht, wenn sie beschwichtigend sagten: *Die Speikinder sind Gedeihkinder!* Gedeihen war auch bei Jan nicht das Problem, im Gegenteil! Es war offenkundig, daß er mit seinem Weinen etwas ganz anderes beklagte, aber nicht verstanden wurde.

Was sind denn überhaupt die Ursachen dafür, daß viele Babys so oft weinen und so schwer Ruhe finden[8]:

- Hunger?
- Überfütterung?
- Schmerzen, z.B. sog. Koliken, Blähungen?
- Versuch, Erlebnisse zu verarbeiten (das Geburtstrauma; Tageserlebnisse u. a.)?
- Orientierungsverlust, Mangel an Begrenzung?
- Verlust des Aufgehobenseins im Mutterleib?
- Überforderung, sog. Reizüberflutung?
- Passives Rauchen?
- Angespanntsein der Mutter, familiäre Spannungen?
- Regelloser Tageslauf der Familie?
- Einfach überschüssige Energien?

Verwirrend viele Möglichkeiten also. Obendrein wird *selten nur eine Ursache* vorliegen. Fast immer dürften es gleich mehrere Dinge sein, die das Baby aus der Fassung bringen. Zum Glück müssen wir aber nicht gleich das ganze Ursachenspektrum erfassen. Meist genügt es, die große Linie zu finden. Wenn man als Kinderarzt lange genug Erfahrungen sammeln durfte, wird man bescheiden, und trotz genauer Anamnese und gründlicher Untersuchung des Babys bleiben recht häufig viele Fragen offen.

Entscheidend ist es, praktisch voranzukommen, dem Baby und seinen Eltern zu helfen, wie es auch bei Jan gelang:

Die *„raketenartige"* *Gewichtszunahme* wies hier ja bereits den Weg. Hunger konnte eigentlich nicht die Ursache seines Kummers sein. Trotzdem fiel es der Mutter schwer, sich zu dieser Erkenntnis durchzuringen: Allzu deutlich hatte sie erlebt, daß Jan nach der Mahlzeit eben nicht zufrieden war, daß er gierig an allem saugte, was seine Lippen berührte.

Was sie nicht wissen konnte: In den ersten Wochen sind der *Such-* und *der Saugreflex,* die zu den sog. Neugeborenenreflexen gehören, sehr geschärft, keineswegs nur bei Hunger, auch bei Aufregung anderer Ursache.

Lassen wir also vorläufig offen, welche Ursachen dies ursprünglich waren. Entscheidende Besserung trat ein, als die Mutter mutig deutlich kürzer anlegte und Mindestabstände zwischen den Mahlzeiten einhielt. Als „Entschädigung" erhielt Jan großzügig Gelegenheit zu Körperkontakt und Zuspruch ohne erneute Nahrungsaufnahme. Bald war festzustellen, daß er viel weniger unter Blähungen litt, daß er seine Umgebung aufmerksamer wahrnahm und leichter zufriedenzustellen war. Die Mutter faßte die Veränderung seines Befindens in der Bemerkung zusammen: *„Es ist jetzt, wie wenn er gemerkt hätte, daß wir uns schon lange kennen!"*

Ich denke, das Beispiel Jans zeigt, daß wir es unseren Babys leichter oder auch sehr schwer machen können, sich zurechtzufinden in all den verwirrenden Eindrücken und Erlebnissen, die vom ersten Tag an auf sie einströmen. Jan war so sehr mit Trinken, Verdauungsproblemen und Weinen in Beschlag genommen und erschöpft, daß er gar keinen „Sinn" mehr für das hatte, was ihm Ruhe hätte vermitteln können: Die leiseren Wahrnehmungen, die *Erken-*

nungsmelodien des Körpers der Mutter, der ja immer noch derselbe war, gingen unter in vordergründiger Lautstärke und hektischer Hilflosigkeit.

Um aus einem solchen Dilemma wieder herauszukommen oder – besser – erst gar nicht hineinzugeraten, ist es nützlich, wenn wir uns einen zweiten *„Wandspruch"* zu unserem ersten (*„Gib mir Halt"!*) hinzuschreiben und den Spickzettel gleich auswendig lernen, um ihn immer parat zu haben:

Zweiter Merksatz: **Hilf mir, vertraut zu werden!**

Ich will wiedererkennen, etwas Vertrautes fühlen! Diesen innigen Wunsch eines neugeborenen Babys sollten wir erfüllen. Das wird uns um so besser (und leichter!) gelingen, wenn wir uns schon lange **vor** der Geburt darauf einstellen. Schließlich kann man nur wiedererkennen, was man vorher erkannt, sich eingeprägt hat. Das Ungeborene bittet uns sozusagen: *„Ich will dich und dein Tun gut fühlen können!"* Je einprägsamer die mütterlichen Signale und je griffiger ihr Profil für das Baby sind, desto leichter wird es sie später wiedererkennen können. Voraussetzung ist allerdings, daß das Bild, welches das Baby von der Mutter gewinnt, in sich *„stimmig"* ist, von Tag zu Tag sehr viel Ähnlichkeit aufweist ohne große Brüche, und daß möglichst wenig Störsignale da sind.

Für die *Schwangerschaft* bedeutet das einen geregelten Tageslauf, ausgiebige Bewegung möglichst draußen, geeignete Gymnastik und Vermeidung von Streß, Streit und unnötigen „Nervenkitzeln", ohnehin die beste Vorbereitung auf die Geburt! Dazu gehören genug Zeit für gute Gespräche mit dem Partner (auch dessen Stimme kommt „drinnen" an!), zärtliche Berührungen, ausreichend Schlaf. Aus alledem wird das Ungeborene seinen Nutzen ziehen, es wird sich seine Mutter gut einprägen und sehr dankbar sein, wenn es das Vertraute später wiederfindet. Nützen wir also bereits pränatal die Möglichkeiten der *non-verbalen Kommunikation*, um so besser können wir uns später mit diesem Alphabet verständigen!

Natürlich wird es sich auch **nach** der Geburt über eine klare Körpersprache und geregelte Lebensweise freuen.

Wohl dem Baby, dessen Eltern *schon lange gute Gewohnheiten* haben, die sie nur wenig anpassen müssen, wenn es da ist, wenn sie Hobbys haben, die sich mit Schwangerschaft ebenso vertragen wie mit Elternschaft, und wenn diese Lebensgewohnheiten „griffig" sind für das Baby!

Ehrlich gesagt, so optimal wird es selten sein. Auch bei Jan war es anfangs gar nicht glatt gelaufen:

Er hatte schon am Ende der ersten Lebenswoche begonnen, ziemlich unruhig zu werden. Was ihm so sehr fehlte, wurde für die Eltern erst im nachhinein klarer: Er kam nicht zurecht mit der durch die Geburt bedingten, tiefgreifenden Veränderung seiner Wahrnehmungswelt.

Wir sahen uns in den folgenden Tagen und Wochen einige Male, und so gelang es allmählich, ihm sein verlorengegangenes Paradies wenigstens in Ansätzen wiederherzustellen und an seine Erinnerung an das vorgeburtliche Leben anzuknüpfen: Die Eltern lernten, seine hastigen Bewegungen zu dämpfen, ihre eigene „erschrockene Sprachlosigkeit" und ihr kurzatmiges Herumprobieren durch eine Art beruhigende „Ammensprache" und haltgebende „Umhüllungsstrategie" zu ersetzen. Die Unruhe nach dem Trinken wurde nicht mehr durch zielloses Umhertragen bekämpft, was ja allenfalls kurzzeitig geholfen hatte. Statt dessen suchte man sich den bequemsten Sessel aus, und Jan wurde einfach angekuschelt, Brust an Brust, das Köpfchen an die Schulter gelehnt.

Besonders wirksam: Die Lesestunde! Wenn man ihm jetzt aus einem Roman oder der Zeitung vorlas, wurde er sehr schnell ruhiger, konnte er gut sein „Bäuerchen" machen und schlief oft schon nach kurzer Zeit tief und fest.

Voraussetzung war allerdings, daß er das Bäuchlein nicht zu vollgetrunken hatte.

Eine andere Vorliebe galt den Spazierfahrten mit dem Kinderwagen: Besonders wenn sich eine Ausfahrt bald nach der Mahlzeit einrichten ließ, dankte Jan dies mit erholsamem, ausgiebigem Schlaf.

Die Eltern stellten mehr und mehr fest: Es kam nicht nur darauf an, Jan mit allem Nötigen zu versorgen und sich ihm zu widmen; alles ging wesentlich leichter, wenn man sich selbst dabei nicht vergaß, gewisse Ordnungen und Reihenfolgen einhielt und lieber darauf vertraute, daß Jan sich schon eingewöhnen würde. Er erwies sich als erstaunlich anpassungsfähig, wenn man nur beim beschlossenen Konzept blieb.

Manchmal sah es so aus, als versuchte Jan, die Verläßlichkeit der Spielregeln, die Sicherheit der ihn haltenden Arme zu erproben: Auch dann konnte er sich viel besser beruhigen, wenn sich trotz seines Weinens nicht viel änderte, wenn der Kinderwagen unbeirrt seinen Kurs beibehielt, wenn Vaters Stimme einfach weiter im Bauch brummte beim Vorlesen usw.

Ein weiteres, scheinbar untröstliches Baby und seine Mutter haben mich tief beeidruckt:

Daniela war drei Wochen alt, als ich sie kennenlernte. Sie war oft stundenlang wach, weinte viel, fand keinen Rhythmus in den Mahlzeiten und litt oft unter Bauchkoliken. Nach Ausschluß einer organischen Ursache und zwei oder drei Gesprächen fanden die Mutter und ich gemeinsam den entscheidenden Clou heraus: Ich hatte ihr als Mittel gegen die Unruhe Danielas lediglich empfohlen, etwas zu tun, was sie schon immer gern gemacht habe, besonders während der Schwangerschaft. Einzige Bedingung: Es sollte möglich sein, Daniela dabei am Körper zu tragen.

Schon nach wenigen Tagen war Daniela wie umgewandelt: Ihre Mutter war eine begeisterte Sportlerin, hatte

*aber ihre Aktivitäten gegen Ende der Schwangerschaft
ziemlich eingeschränkt. Nur ihre tägliche Jazz-Gymnastik
hatte sie in abgemilderter Form bis zuletzt beibehalten.
Sie ließ es sich nicht zweimal sagen und nahm noch am
Tag unseres Gesprächs die unterbrochene Gymnastik wieder auf, allerdings mit ihrem Baby im Tragetuch und mit
ruhigen, fließenden Bewegungen: Innerhalb von zwei Minuten war wohltuende Ruhe!*

Ich denke, wir sollten uns nicht allzu sehr wundern,
schließlich war für Daniela wenigstens einmal am Tag ein
Zipfel vom alten Paradies wiederhergestellt! Alles stimm-
te wieder: Eng angekuschelt an Mutters Körper durfte sie in
den weichen, runden Bewegungen zu geeigneter, leiser
Musik „mitschweben". Besonders genoß sie es, wenn Mutter die Melodie mitsang.

Einen kleinen Haken hatte das Gymnastik-Rezept im
Falle Danielas noch: Man durfte nicht zu früh schlapp-
machen, denn unter zwanzig Minuten riskierte man, daß
sie erneut erwachte und kläglich weinte. Die Mutter sah
darin eher einen Vorteil und bezeichnete sie als ihre kleine
Trainerin...

Ich könnte Ihnen jetzt noch berichten von der Cellistin,
die zur rechten Zeit ihre Etüden wieder aufnahm, oder von
der Mutter, deren Hund sie dreimal täglich zu einem zü-
gigen Spaziergang veranlaßte: Entscheidend schien es in
jedem Fall zu sein, daß *die Mutter wieder das tat, was sie
schon immer gerne tat*, so daß sie sich für das Baby wieder
anfühlte wie in der Schwangerschaft.

Vertraut werden, wiedererkennen: Unsere Babys profi-
tieren ungemein davon, wenn sie schon als Ungeborene
einprägsame Erfahrungen sammeln können über die Le-
bensrhythmen der Mutter und über ihre häufigen Tätigkeiten. Die Erfahrungen graben sich ein in ihrem *Seelenge-
dächtnis*. Jederzeit können sie auf diesen Erfahrungsschatz
zurückgreifen, wenn es nötig ist, zum Beispiel wenn sie
von allzu viel Neuem überwältigt und verunsichert sind

oder sich mit den kleinen Alltagsnöten herumplagen. Immer dann bewährt es sich, wenn wir ihnen ein wenig bei der Orientierung, bei der Rückbesinnung auf das Vertraute helfen, ihnen *„Leitlinien nach Hause"* aufzeigen. Babys sind viel weniger beunruhigt, sondern ausgeglichen und selbstsicher, wenn sie Übung haben, diesen *„Weg zurück"* in allen Lebenslagen ohne Schwierigkeiten zu finden. Sie bauen sich einen Heimathafen, und wir können Leuchttürme aufstellen! Der Vorgang der *Introversion*, des Sich-auf-sich-Besinnens, wird ihnen dann wirksame Regeneration ermöglichen, wann immer Bedarf danach besteht.

Wir sehen: Damit sich ein Baby heimisch fühlen kann, braucht es *gut lesbare, authentische Signale.* Dabei kommt es auf deren stimmigen Zusammenklang ebenso an wie auf die *Beziehungen und Ähnlichkeiten* zwischen dem Welt-Bild *nach* der Geburt und dem *vor* der Geburt. Wie bei einer Symphonie, deren einzelne Sätze aufeinander bezogen sind!

Wenn es nun aber *nicht so glatt gegangen* ist mit der Schwangerschaft, zum Beispiel wenn Bettruhe oder sogar stationäre Behandlung notwendig waren oder wenn das Neugeborene zunächst eine Intensivbehandlung brauchte, gibt es dann nicht auch noch Möglichkeiten, zum so notwendigen *Vertrautwerden des Babys* beizutragen?

Glücklicherweise ja, wir haben reichlich Gelegenheit:

Gerade diejenigen Kinder, die bei ihrem Start ins Leben erst einmal einen Hindernislauf absolvieren, vielleicht sogar lebensbedrohlichen Situationen trotzen mußten, erweisen sich dann oft als besonders aufnahmefähig und rege. Das kann sie anfangs ziemlich nervig und schwierig für ihre Eltern erscheinen lassen. Manche sind sogar regelrecht mißtrauisch geworden, kein Wunder bei so unangenehmen Erlebnissen!

Wenn man sich aber auf die besondere Wachsamkeit eines solchen Kindes einstellt und ihm von Tag zu Tag mit immer wieder der gleichen Fürsorge, den gleichen Ritualen und symphonischen Melodien, der gleichen unerschütterlichen Gelassenheit begegnet, dann hat es die Möglichkeit zu einem *Schnellkurs des Vertrautwerdens* in einer Welt, die von einem Unwetter heimgesucht wurde, jetzt aber sich friedlich und lieblich zeigt.

Außerdem, wir sollten nicht vergessen, daß unserem Baby ja jetzt die *ganze Palette seiner Sinne* zur Verfügung steht, um diese Welt zu bestaunen, sie nicht nur zu hören, sondern auch zu sehen, zu riechen, zu schmecken, sie zu betasten, das Warme vom Kalten zu unterscheiden usw. Es wird sich also unverzüglich daranmachen, seinen lückenhaften, durch die schwierige Perinatalzeit vielleicht ramponierten Erfahrungsschatz zu ergänzen, die Basis des Vertrauens heil zu machen.

Aber auch, wenn keine unmittelbar belastenden Erlebnisse aus der Vergangenheit auszumachen sind: Ein Baby kann auch dann, aus welchen Gründen auch immer, ein unruhiges Baby sein. Vergeblich sucht es nach seiner Mitte und bekundet damit, daß ihm der Aufbau eines solchen Erfahrungsschatzes nicht recht gelungen ist oder das Zurückgreifen darauf aus lauter Verwirrung nicht klappen will. So oder so sollten wir nicht hilflos herumstehen, denn der Appell lautet jetzt:

Hilf mir, mich bald auszukennen! Der Blick zurück nützt uns nichts, blicken wir also nach vorn: Woran kann sich ein Neugeborenes orientieren, seine Sinne festmachen, sich Wiederholendes erkennen? Natürlich am *immer gleichen!* Immer sind es die gleichen Hände, die gleichen Bewegungen, der sanfte Druck und die zarten Berührungen, die gleiche, doch irgendwie vertraute Stimme, das gleiche Bettchen, der gleiche Wickelplatz mit dem Mobile darüber: So bringen wir *Wegmarkierungen* an, die Voraussetzung für Orientierung.

Sich bald auszukennen setzt auch voraus, daß wir die Bedeutung von verläßlichen *Reihenfolgen* nicht unterschätzen: Das Baby wird es rasch lieben lernen, wenn es sich darauf einstellen kann, daß nach der Mahlzeit das Ausziehen, der Windelwechsel, vielleicht bestimmte Pflegerituale folgen, jedenfalls meistens noch Zeit fürs Schauen und Plaudern mit der Mutter ist. Denn ihr Gesicht wird bald der schönste und begehrteste Anblick sein, und das Baby wird sich in ihre Züge und ihre Mimik verlieben.

Sich bald auskennen: Was folgt worauf? Sehen wir uns den *Aktionszyklus* eines Babys einmal genauer an, also vom Aufwachen bis zum nächsten Schlafen: Ein wenige Wochen altes Baby ist, wenn es ausgeschlafen hat, in der Regel hungrig, wird sich also meist recht schnell nach dem Erwachen melden. Wenn wir seinen Hunger bald stillen, wird es dankbar und kraftvoll trinken und bald gesättigt sein. Da es aber gerade vorher erst aus dem Schlaf erwachte, wird es direkt nach der Mahlzeit keineswegs schon wieder müde sein. Im Gegenteil: *Wach und satt* wird es sein und interessiert lauschen und schauen. Es wird bald das Gesicht der Mutter erblicken und, je öfter ihm dieser Anblick möglich ist, desto freudiger reagieren[9]. Ab etwa der vierten bis sechsten Woche wird es diese Freude durch ein glücklich-entspanntes Lächeln noch deutlicher ausdrücken: Dieses vielbeschriebene *Antwortlächeln* ist für die Eltern ein so tief beglückendes Erlebnis, daß sie es nie vergessen werden!

Nach diesem schönen Spiel der *Zwiesprache*, nach Windelwechsel, Pflege und Ankleiden hat das Baby genug erlebt, es sehnt sich nach Ruhe, will erst mal alles verdauen. Vielleicht gehört es zu den Babys, die sich gern in ihr Bettchen legen lassen, vielleicht aber auch zu denen, die eine Spazierfahrt an der frischen Luft vorziehen (die sind viel häufiger!).

Ich überlasse es in der Beratung übrigens immer den Eltern, ob sie statt des Kinderwagens das Tragetuch bevorzugen. Beide sollten aber Hilfsmittel der *Fortbewegung* bleiben, deren Sinn fragwürdig wird, wenn wir sie in der Wohnung benützen, nur um das Baby zu beruhigen. Es ist auch absolut nicht im Interesse der elterlichen Wirbelsäulen, mit Baby im Tragetuch Haus- oder gar stehende Küchenarbeit zu verrichten. Nicht einmal dem Baby nützte es in

33

der Regel, wenn es nur zu seiner Beruhigung umhergefahren oder -getragen würde, statt daß man sich eine ordentliche Wegstrecke vornimmt.

Denn ein solches zweckorientiertes Bewegen wäre irgendwie unehrlich: Allzu sehr würden wir baldige Beruhigung herbeisehnen, und die damit verbundene, unterschwellige Ungeduld würde dem Ruhefinden eher im Weg stehen. Babys sind unter solchen Bedingungen nämlich in der Lage, eine Art „*Lauerschlaf*" zu entwickeln: Sie schlafen flach, um prompt wach zu werden, wenn das „Einschläfern" unterbrochen wird.

Es gibt auch solche, die sich noch ein wenig austoben müssen, die ihr Gefühlsleben nur ins Gleichgewicht kriegen, wenn sie ihrem Ärger Luft machen dürfen: Sie brauchen das berühmte *Schreistündchen!* Auch das sollte kein Beinbruch sein: Akzeptieren wir es als eine Form der *Selbstregulation!*

Sich auskennen bezieht sich nicht nur auf Personen, Dinge, Tätigkeiten, den Raum, auf Reihenfolgen und den Tageslauf, sondern auch auf die *eigene Gestimmtheit*, denn auch darin will das Baby bald eine ganze Klaviatur beherrschen: freudige Erwartung, Überraschtsein, gespannte Aufmerksamkeit oder behagliches Dösen, Genuß von entgegengebrachter Wärme, Zärtlichkeit und Liebe, aber auch Ärger oder gar Aufregung, Trauer und Angst: Zu alledem sind schon junge Säuglinge sehr wohl in der Lage!

Ein *falsches Etikett*, eine verkehrte Wegmarke kann ziemliche *Verwirrung* stiften: Ein hungriges, die Brust erwartendes Baby wird auf einen Ablenkungsversuch oder Neckereien ärgerlich reagieren, schließlich sehr ungehalten werden, wenn der Ärger mit Streicheln und Küssen beantwortet wird. Wenn es satt, aber nicht schon wieder müde ist, wird es wahrscheinlich im Bett keine Ruhe geben, sondern erwarten, daß man sich ihm widmet. Ein Kind, das gerne ausgiebig und kräftig schreit, kann buchstäblich *zuviel kriegen*, wenn man es mit der Brust, der Flasche oder dem Schnuller zu beruhigen versucht *(s. auch Kap. 6).*

Wenn dies immer wieder mißachtet wird, wenn *Miß-launigkeit* des Kindes mit den gleichen Küssen wie freundliche Kontaktaufnahme bantwortet wird oder *ängstlich-skeptische Wachsamkeit* bei einem beunruhigenden Erlebnis mit ablenkendem Schmusen oder gespielter Fröhlichkeit, dann wird ein halbwegs intelligentes Baby *verunsichert* reagieren, es wird argwöhnisch und mißtrauisch werden, vielleicht Schlaf- und Verhaltensstörungen entwickeln oder nicht gut gedeihen.

Ein falsches Etikett ist es auch, wenn wir einem unruhigen Baby ständig den Schnuller reinstecken oder es an unserem Finger saugen lassen; wenn es z.B. das Wickeln oder Baden nicht mag und dagegen protestiert, dann wäre ein solches Saugangebot ein regelrechter Etikettenschwindel. Es ist viel besser, in einem solchen Fall die Prozedur zügig und ohne Hektik zu Ende zu bringen und danach dem Baby zu helfen, seine Mitte wiederzufinden, falls es dann noch nötig ist.

Zur Verdeutlichung: Der weitverbreitete *Schnuller* ist eine beliebte *Einschlafhilfe*. Akzeptieren wir ihn also vorläufig, aber nur zu diesem Zweck! Dementsprechend sollte er am besten immer beim Bärchen im Bett liegen. Beim Schlafenlegen wird das Baby freudig seine Schlafgenossen begrüßen, und *Einschlafprobleme werden zur Seltenheit.* Beim Hochnehmen bleibt der Schnuller natürlich *ohne Ausnahme* im Bett!

Sie sehen: Der Schnuller beim Wickeln ist schlicht fehl am Platz! Oder gar der zum Saugen dargebotene Finger: Müssen wir denn wirklich unseren Kindern vorgaukeln, es gebe immer gleich etwas zu naschen, wenn sie Unlust, Ärger und Ungeduld ausdrücken? Erst recht sollten wir niemals ein *Tee- oder gar Saftfläschchen „zur Beruhigung"* oder bei Ärger einsetzen, denn körperliche und seelische Störungen wären die Folge *(s. Kap. 5 und 6).*

Sich auskennen: Ich vergleiche gern die Art, wie ein junger Säugling sich seine Welt vertraut macht, mit einem *Schloß mit vielen Räumen,* die mit tastenden Schritten einer nach dem anderen erwandert werden *(s. Abb. 1 und 2)*. Es beginnt mit einer *Schlafkammer*, dem „*Ruhen im Selbst*", und einem kleinen *Garten*, der begrenzte Ausflüge ins Reich der Erlebnisse ermöglicht: Die Situation entspricht noch ganz der Begrenztheit des Mutterleibs, in der das Ungeborene ja auch schon lauscht, spielt und erforscht, keineswegs nur döst oder schläft *(s. Abb. 1)*. Er hält sich also nacheinander in verschiedenen „Räumen", in verschiedenen Stadien des Wachseins und der Aktivität auf. Neben dem Schlafzimmer gibt es sozusagen einen Musikraum für die Hörerlebnisse, ein Spiel- und Studierzimmer, einen Fitneß- und einen Ruheraum.

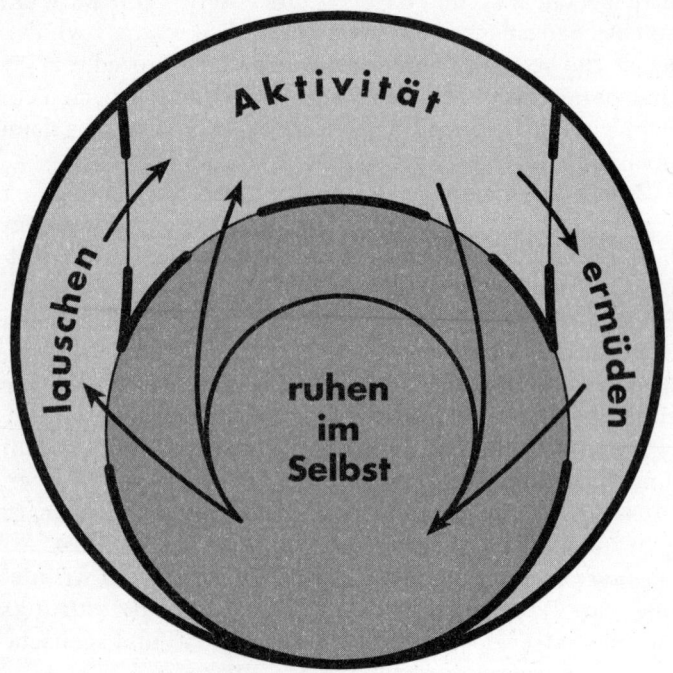

Abb. 1: Vorgeburtliche Aktionszyklen:
Bereits das Ungeborene kennt verschiedene Verhaltenszustände (Vigilenzstadien), die es nacheinander durchläuft. Es macht sich vertraut mit seiner Welt.

Das Neugeborene hingegen *(s. Abb. 2)* betritt bald das *Eßzimmer* als wesentliche Neuerung. Die meiste Zeit schlüpft es aber zurück in seine heimelige Schlafkammer. Es leuchtet ein, daß *Wegweiser, Erkennungsmelodien, Leitfarben, Schwellen* zwischen den Zimmern hilfreich sein können, vor allem, wenn der Weg nach Hause ins ruhende Ich nicht auf Anhieb zu finden ist. Auch der Pilot ist beim Landen sehr dankbar für eine unmißverständliche Rollbahnmarkierung!

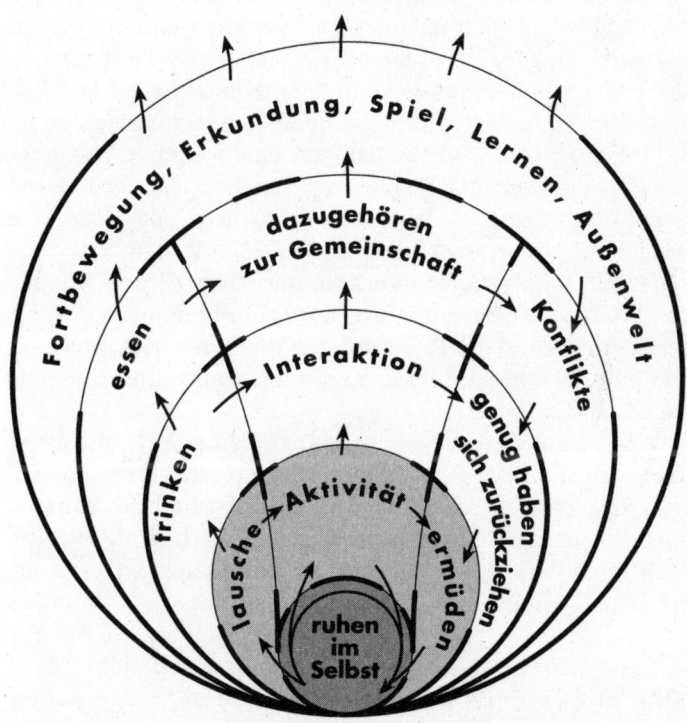

Abb. 2: Nach der Geburt erweitern sich die Aktionsradien schrittweise

Mit jedem gleichbleibend wiederkehrenden *Aktionszy-klus* wird das Neugeborene nun sicherer, findet es sich besser zurecht. Das macht es bald wieder *offen für Neues:* Wenn es ausgeschlafen erwacht ist und sich dann hat *satt*-trinken (**nicht:** *müde*trinken!) können, wird es aufmerksam seine ersten Seheindrücke und andere Wahrnehmungen aufsaugen. Es wird sinnvolle Verbindungen zwischen den verschiedenen Sinneseindrücken herstellen, denn die Mutter kann man hören, riechen, fühlen, schmecken und sehen! (Mehr zu diesen faszinierenden Entwicklungsschritten im folgenden *Kap. 3)*

Arbeit macht müde, sowohl die körperliche Arbeit des Trinkens als auch die geistige des Aufmerksamseins, und das Baby sehnt sich nach sich selbst, nach einem Ort der Selbstfindung, nach Schlaf. Möglich, daß es ein wenig nach dem Weg suchen muß! Daher wird es anfangs dankbar sein für kleine Orientierungshilfen: Gewiegt zu werden in sanftem Umschlossensein ist jetzt eine passende Wegmarkierung auf dem Nachhauseweg, erneutes Anlegen weniger *(s. Kap. 4 und 5)*, denn dieses Muster würde, wenn wir noch einmal unser Bild vom Schloß mit den klar von einander unterscheidbaren Zimmern nehmen, ja wieder ins Eßzimmer weisen! Übrigens, ein Indio-Baby z. B. wird zum Schlafen in der Regel auf den Rücken verfrachtet, wo es nicht nach Brust riecht, wo nur wiegende Umschlossenheit ist!

Wenn es dem Baby nicht gelingt, seine Welt auf diese Weise zu *strukturieren,* wenn die Eindrücke verschiedener Sinnesqualitäten nicht zusammenpassen und die Reihenfolgen immer wieder neu und anders sind, dann wird es sich mit Wahrscheinlichkeit so entwickeln wie unser nächstes Fallbeispiel:

Alfredo, mittlerweile gut zwei Jahre alt, kann nicht allein sein, nicht einmal für wenige Minuten auf seine Mama verzichten. Er weint viel und lautstark, muß fast ständig mit allem möglichen Eß- und Trinkbaren bei Laune gehal-

ten werden. *Obwohl er vor sechs Monaten endlich laufen gelernt hat, muß er sehr häufig auf den Arm genommen werden.*

Der Mutter fällt das zunehmend schwer: Alfredo hat mit fünfzehn Kilogramm fast das Gewicht eines Dreijährigen! Und um über die Nächte zu kommen, muß er zwei- bis dreimal den „Schoppen" haben. Man sieht es der Mutter an: Sie hat jetzt seit über zwei Jahren keine Nacht durchgeschlafen.

In zwei eingehenden Gesprächen erfahre ich Näheres:

Weil Alfredo nicht satt zu kriegen war, hatte die Mutter bald abgestillt. Weil er auch weiterhin kaum zufriedenzustellen war, durfte er immer so lange trinken, bis er vor Erschöpfung einschlief. Als mit sieben Monaten die ersten Zähne und Infekte kamen, mußte er nachts bis zu stündlich die Flasche haben.

Abends darf Alfredo lange aufbleiben; denn es besteht nur eine Chance, daß er in den Schlaf findet, wenn sich die Mutter mit ihm in ihr Bett legt, damit er mit ihren Haaren spielen kann, während er sein „Fläschchen" nuckelt.

Bei der Beobachtung Alfredos in der Sprechstunde fällt seine ängstliche Reserviertheit auf, mit der er argwöhnisch darauf achtet, daß ich ausreichend Distanz zu ihm halte. Wie die Mutter berichtet, ist er aber auch sonst recht ängstlich. Er bleibt die ganze Zeit auf Mutters Schoß, hingegossen angeschmiegt. Mit der einen Hand fummelt er an ihrer Halskette und in ihren Haaren, die andere umklammert das Saftfläschchen. Von Zeit zu Zeit nimmt er ein paar Züge. Dazu muß er jedesmal den Schnuller herausnehmen, den er ständig trägt, unverlierbar mit Kettchen am Pulli angeklemmt.

Beim Sprechen behält er ihn drin. Er hat schon sichtlich einige Übung, daran vorbeizureden. Die mangelnde Verständlichkeit macht er durch einen fordernden Ton wett, so daß die Mutter sich schon die rechte Mühe gibt, ihn zu verstehen und auf seine Wünsche einzugehen. Es wirkt fast wie eine Geheimsprache, die die beiden verbindet, mich aber ausschließt. Auch als Alfredo meinen behutsamen Annäherungsversuch (die Mutter hat ihn eigentlich mitgebracht, um ihn untersuchen zu lassen!) mit wütendem Protestgeschrei erfolgreich abwehrt, behält er den Schnuller zwischen den Zähnchen. Die Küßchenserie, die Alfredo von der Mutter zur Beschwichtigung erhält, bringt ihn nur mühsam zum Schweigen.

Die Untersuchung unterbleibt. Statt dessen darf Alfredo Mutters Handtasche nach Eßbarem durchforsten. Dabei kleckert ein wenig Saft auf den Taschenspiegel, kurz darauf auch in die Geldbörse, schließlich auf Mutters Jeans...

Zugegeben, ein recht drastisches Sprechstundenerlebnis! Ein fast dramatisches Beispiel für das ansonsten häufige Problem der mangelnden Grenzsetzung im frühen Kindesalter.

Wir Eltern neigen offenbar dazu, die Bedürfnisse unserer Kinder ernstzunehmen, wann immer sie sich äußern. Allzu leicht kommt es zu *Fehlentwicklungen* in der Befriedigung dieser Bedürfnisse, zu *Ersatzbefriedigung* mit fatalen Konsequenzen. Nehmen wir nur einmal die *Beschwichtigungsküsse*, offensichtlich das letzte Aufgebot einer bedauernswerten Mutter, die eigentlich ein unterstützenswertes Ziel verfolgt: Sie versucht die Angst ihres Kindes zu mindern, vielleicht auch die Peinlichkeit der Situation. Leider benützt sie ein ungeeignetes Mittel: Mit noch so gut gemeinten Zärtlichkeiten werden wir nicht überzeugen, wenn unser Schützling Angst vor dem bösen Wolf hat, im Gegenteil, bei halbwegs wachen Sinnen wird er dahinter einen Täuschungsversuch, eine *Vernebelungstaktik* erkennen, und genau darum handelt es sich bei den besagten Küßchen!

Alfredos Mutter neigte in vielen Dingen dazu, ihrem Sohn aus einer *überbehütenden Grundhaltung* heraus die nötigen *Grenzsetzungen* zu verweigern. Ganz konkret konnte sie von Anfang an kein Ende finden, wenn er eigentlich längst gesättigt war. Die Mahlzeiten zogen sich hin, weil sie immer unsicher war, ob er auch wirklich genug bekommen hatte. Wenn er unruhig wurde, suchte sie die Schuld immer bei sich. Sie war davon überzeugt, zu wenig oder zu dünne und nicht sättigende Milch zu haben, fütterte daher bald mit der Flasche nach, so daß ihr schließlich die Milch tatsächlich versiegte.

Mit der Flasche war es aber auch nicht anders: Oft war sie weit über eine halbe Stunde mit einer Mahlzeit beschäftigt. Der Haushalt blieb liegen, und zu sich selbst kam sie überhaupt nicht mehr. Selbst wenn er schon fast schlief, durfte er noch weiternuckeln. Wenn er dann beim Wickeln schrie, nahm sie ihn häufig auf den Arm, versuchte ihn „einzuschläfern", um ihn dann fertig zu wickeln, oder sie versuchte sogar, ihm mit der einen Hand die Windel zu wechseln, während die andere ihm die Flasche hielt. Erneut weinend, nochmals nuckelnd, beim ziellosen hin und her in der Wohnung konnte er *keine Konturen* erkennen, schon weil er eigentlich immer müde, hungrig oder äußerst unruhig war: Vertrauen in die Welt und eine positive Beziehung zu ihr wurden vereitelt.

Tu, was du tust! Sei ganz bei der Sache! Das empfahl und erklärte ich Alfredos Mutter für zu Hause und unterwegs, nicht zuletzt auch für allfällige Arzttermine. Was ist gemeint?

Zum Beispiel will ich, wenn ich wickele, dieses gut und richtig tun, die Windel muß sitzen usw. Dabei zu füttern wäre chaotisch. Das Kind durch Zwiesprache einzubeziehen in das, was ich mit ihm mache, ist viel besser für uns beide. Und wenn das nicht gelingt, kann ich ihm ja etwas in die Hand geben oder darauf vertrauen, daß es sich für die kurze Zeit auch alleine beschäftigen kann. Schlimmstenfalls wird es ein wenig maulen. Dann werde ich mich bemühen, zügig fertig werden, bevor ich das nächste beginne.

Oder, nehmen wir die *Kuß-Kaskaden*: Ich möchte behaupten, ein Kind **muß** Verhaltensstörungen entwickeln, wenn Zärtlichkeiten dazu *mißbraucht* werden, Wohlverhalten erreichen zu wollen oder auch nur Beschwichtigung und Beruhigung. Das gleiche wird eintreten, wenn zwar keine Absicht hinter den Küssen steckt, wohl aber *Gedankenlosigkeit* zu einer *Kußinflation* geführt hat, wie sie übrigens nicht treffender geschildert werden kann als von Tommy Ungerer in seinem wunderschönen Bilderbüchlein: *Kein Kuß von Mutter*[10].

Jeder Kuß ist ein kleiner Liebesschwur! Er hat den Wortlaut: Ich habe dich sehr, sehr lieb! Wenn er aber zum hundertsten Mal ohne jede Emphase, ohne jede Leidenschaft vorgebracht wird, beiläufig, während man über das Wetter redet, dann *verliert er seine Glaubwürdigkeit.*

Es gibt auch Eltern, die ihre Kinder ständig *fortissimo*, also mit voller Heftigkeit lieben, deren Liebesbezeigungen überhaupt nicht variieren an Intensität und Häufigkeit: Eine solche Art wirkt unlebendig wie ein telefonischer Ansagedienst. Es fehlt die Wechselbeziehung, das *feed back*, aus dem ein Kind herausliest, ob das gut oder weniger gut ist, was es gerade tut.

Auf einen einfachen Nenner gebracht, empfehle ich *drei goldene Kußregeln:*

- *Küsse nur, wenn dir danach ist, nie aus Gewohnheit!*
- *Sei um so großzügiger, je mehr dich dein Kind freut!*
- *Versuche nie, andere Ziele dadurch zu erreichen!*

Wie mit den Küssen ist es auch mit den *Einschlafritualen* zu zweit: Wenn beide Seiten damit glücklich sind, ist alles in bester Ordnung. Alfredos Mutter legte sich aber dazu, *damit* ihr Sohn leichter einschlafen möge, nicht weil sie selbst schon schlafen gehen wollte. Im Gegenteil: Sie wartete ja nur darauf, daß er einschlief, um dann aufzustehen und noch einiges Liegengebliebene zu erledigen oder endlich mal Zeit für sich selbst zu haben. Man ist versucht, von einer *Mogelpackung* zu sprechen: Das Kind wird ein wenig *ausgetrickst*, weil man nicht den Mut hat, ihm reinen Wein einzuschenken. Offensichtlich traut man ihm nicht zu, sich mit dem Selbstverständlichen zu arrangie-

ren. Loslassen zu können *(s. Kap. 6)* gehört aber unabding-
bar zu einer lebendigen Beziehung!

Die Mogelpackungen wären wohl weiter gar nicht
schlimm, wenn Kinder nicht ein höchst feines Gespür für
Unehrlichkeiten, für mangelnde Authentizität hätten.
Wenn sie aber dahinterkommen – und das tun sie schnell! –,
daß Mutter oder Vater sich gar nicht deswegen dazulegen,
weil sie so gern mit ihrem Kind kuscheln, sondern weil sie
bestimmte Absichten hegen, dann wird die *Glaubwürdigkeit ihrer Liebe* zwangsläufig arg in Mitleidenschaft gezo-
gen! Schwerwiegende Einbußen an emotionaler Stabilität
können die Folge sein und die spätere Fähigkeit zu trag-
fähigen Bindungen, zu Partnerschaft und liebvoller Elternschaft gefährden. *(Mehr zu den Unehrlichkeiten in Kap. 6!)*

Wenn wir die Regel: *Tu, was du tust!* auch auf die
Körperpflege, das Wickeln und Anziehen anwenden, dann
kann das nur heißen: Wir sind bei der Sache, und zwar mit
Hingabe. Wir verbinden unser *Tun* mit unseren *Worten*.
Wir entwickeln kleine Rituale, die sich aber von Zeit zu
Zeit auch wieder etwas abwandeln, denn nur dadurch
bleibt es lebendig zwischen uns!

Wenn ich das *Herz nicht bei der Sache* habe und die
Sinne nicht beim Kind, sondern bei der Sportschau, dann
werde ich prompt die Quittung kriegen! Schließlich gerät
so das Wickeln zu einem notwendigen, lästigen Übel, das
ich lieber schon hinter mir hätte. Mit Sicherheit wird
diese Interpretation auch auf mein Kind abfärben, das
Wickeln wird zur häßlichen Tortur, mit den Ideen verschwindet die Freude, das Kind wird zur Last.

Bleiben wir einen Moment noch bei der gerade angedeu-
teten Szene: Ich wechsle meinem Baby die Windel, im Hintergrund redet der Fernsehmoderator. In zweifacher Hin-
sicht bin ich nun für mein Gegenüber *gespalten:* Einerseits
bin ich mit den Ohren beim Fernseher, die Hände sind me-
chanisch mit dem Kind beschäftigt; andererseits sind auch
die Ohren des Kindes beim Fernseher, denn wenn ich nicht
auch mit Herz und Stimme beim Kind bin, wird es dem

Sprecher zuhören, während es in meinem Gesicht vergeblich die dazugehörige Mimik sucht. Daß ich **mir** diese Spaltung zumute, ist vielleicht schon schlimm genug. Daß ich aber auch **mein Kind** in diese Spaltung der Sinnesqualitäten, in eine *intermodale Divergenz* stürze, das kann, wenn es zur Regel wird, fatal für die weitere Entwicklung sein. Immerhin schreiten im jungen Säuglingsalter die Wahrnehmungs- und Verarbeitungsprozesse und damit die Entfaltung der Intelligenz besonders rasch voran, und die *intermodale Verknüpfung*, die Vernetzung der verschiedenen Sinneseindrücke zu einem Erlebnis und einem Lernschritt ist Voraussetzung dafür, daß im Gehirn ein verwertbares Abbild der Welt und ihrer Funktionsprinzipien entsteht.

Werden die Wahrnehmungs- und Verarbeitungsmöglichkeiten des Kindes immer wieder auf die geschilderte Art fehlbelastet und mißbraucht, dann wird es lernen, jeweils **einen** *Sinneskanal zu unterdrücken*, wie es ja auch beim Schielen geschieht, indem nur die Seheindrücke des **einen** Auges auch an der Sehrinde des Großhirns ankommen und wirklich gesehen werden, während das andere Auge mit seinen Signalen dort nicht angenommen wird, um störende Doppelbilder zu vermeiden. Die Folge ist eine bleibende Schwachsichtigkeit des betroffenen Auges und dadurch eine Unfähigkeit, räumlich zu sehen, wenn die Behandlung nicht rechtzeitig einsetzt. Was nicht benützt wird, verkümmert!

Nicht nur beim Auge: Wenn Gespürtes, Gesehenes und Gehörtes nicht zusammenpassen, dann folgt daraus eine Störung der *sensorischen Integration*, des Ganz-Machens der Sinneseindrücke. Das Kind kriegt die *Dinge nicht rund*, es kann seine geistigen Anlagen nicht voll entfalten!

Also: *Sei der, der du bist!*

Ganz nebenbei: Eine solche intermodale Divergenz kann sich auch beim Erwachsenen schädlich auswirken: Der Jogger riskiert eher eine Sportverletzung, wenn er mit dem *Walk Man* joggt, wie mir ein gut beobachtender Orthopäde versicherte!

Als Eltern sollten wir jedenfalls solche Spaltungen vermeiden, nicht nur beim An- und Auskleiden und der Körperpflege des Kindes. Beim Essen wird auch nicht gespielt, beim Spielen nicht getrunken, beim Trinken nicht geschlafen, im Laufen nicht gegessen usw. *(s. Kap. 5)*.

Wir sehen, der Wahlspruch *tu, was du tust (und eben nichts anderes daneben!)* gilt nicht nur für uns Eltern, wenn wir unsere Aufgabe ernstnehmen. Auch für das Tun der Kinder selbst wird es sehr nützlich sein, wenn wir es nicht zulassen, daß sie gleichzeitig in zwei Ebenen agieren! Sie erreichen damit nämlich:

- leichter und sicherer ihr Ziel,
- ein besseres Resultat,
- zuverlässigere Handlungskonzepte,
- mehr handwerkliche Kompetenz.

Nicht von ungefähr wird der genannte Ausspruch Giovanni Bosco, genannt *Don Bosco*, zugeschrieben: Der Sozialpädagoge und Priester gründete Mitte des vergangenen Jahrhunderts bei Turin ein Lager für verwahrloste Jugendliche. Sein Konzept der sozialen Reintegration überzeugte und wurde weltweit vielhundertfach nachgeahmt.

Das Rezept: *Mehr Spaß und Erfolg durch produktives, gemeinsames Tun* gilt durchaus auch für wohlbehütete Kinder: Eltern, die es erproben, sind meist erstaunt, in welch kurzer Zeit viel mehr Freude und schöne Erlebnisse möglich sind!

Ein letzter Aspekt gehört noch in dieses Kapitel, weil es für das *Wiedererkennen* der Strukturen von wesentlicher Bedeutung ist: Sag „nein", wenn du „nein" meinst! Damit hatte Alfredos Mutter erhebliche Probleme. Obwohl sie längst wußte, daß er eigentlich keine Nachtmahlzeiten mehr brauchte, richtete sie Nacht für Nacht mehrmals die Flasche, wenn Alfredo sich nicht mehr mit dem Schnuller beruhigen ließ. Auch beim Wickeln und in vielen anderen Situationen brachte sie ihn – Liebe geht durch den Magen!? –

mit der Flasche zum Schweigen. Die ständige, orale Ersatzbefriedigung machte ihn abhängig und schwach.

Zugegeben, es ist oft schwierig, einem so kleinen Kind etwas abzuschlagen, vor allem dann, wenn es sich dann so aufregt! Aber das *Nein* muß ja nicht so barsch daherkommen: Wir könnten ja statt des ständigen, übertriebenen Dienens und Wünsche-Erfüllens einen Kompromiß, eine Alternative anbieten, natürlich einige Nummern kleiner, weniger komfortabel. Alfredo zum Beispiel bekam, um ihn aus der Abhängigkeit zu befreien, nachts nur Wasser aus dem Becher. Bald war ihm das Schlafen wichtiger, die nächtlichen Dienste hörten auf.

Zusammengefaßt:

Der Appell: *Hilf mir, vertraut zu werden!* steht anfangs ganz im Mittelpunkt der Erwartungen eines Neugeborenen an seine Eltern. Bereits in der *Schwangerschaft* helfen wir durch eine gute *Geburtsvorbereitung und Achtsamkeit* unserem eigenen, leiblichen und seelischen Wohlbefinden gegenüber und durch einen *geregelten Tagesablauf:* Es bewährt sich, *gute Gewohnheiten* zu haben und zu behalten! *Ich will dich und dein Tun gut fühlen können:* Also viel Bewegung!

Sehr vorteilhaft für das spätere Wieder-Vertrautwerden sind *fühl- oder hörbare Tätigkeiten*, die schon vor der Geburt Alltag waren (Spaziergänge, Gymnastik, Tanz, Selbst- oder Zwiegespräche, Gesang u.v.m.). Die *non-verbale Kommunikation* wird in der Schwangerschaft angelegt! Babys lieben *Ohrwürmer* und *Erkennungsmelodien!*

Nach der Geburt versuchen wir, genau daran anzuknüpfen, indem wir dem Baby besonders in den ersten drei Monaten eine *warme Umhüllung* sind: Wir tragen es häufig am Körper, ermöglichen ihm so großflächigen Kontakt zur Wahrnehmung von Wärme, Atmung und Herzschlag. Auch unsere Stimme gehört zu seiner vertrauten *Hörwelt*. Sein Sinn für *Bewegung*, genauer: fürs

Bewegtwerden wird uns etwas auf Trab halten, was uns auch nicht schadet! Dagegen werden ausfahrende Bewegungen durch *Haltgeben* im Arm, im Tragetuch oder im Kinderwagen gehemmt.

Hilfreich sind weiterhin *Reihenfolgen* innerhalb eines Aktionszyklus. Ein *Schreistündchen* sollte kein Beinbruch sein: Hunger ist eher seltener die Ursache.

Beachten wir die *Gestimmtheit*, die Laune des Kindes! Bei Ärger bewähren sich ratlose *Beschwichtigungsküsse* überhaupt nicht, statt *Beruhigungsversuchen* hilft meist viel besser *unerschütterliches, beredtes Standhalten*, was das Baby allerdings von Körper zu Körper *spüren* möchte als eine Stimme, die sich niemals aus der Ruhe bringen läßt!

Wichtig ist dabei der „*lange Atem*": Das Neugeborene sehnt sich zurück nach unabänderlichen Wahrnehmungen, nach dem, was geschieht, weil es immer geschieht.

Tu, was du tust! Und sei ganz bei der Sache! Eine *intermodale Divergenz* (Spaltung der Sinneseindrücke) ist schädlich für die geistig-seelische Entwicklung!

Sei die, die du bist! Sei der, der du bist!

So kann ich besser verstehen, *wer* und *wie* du bist!

Sag auch mal *nein*, wenn du *nein* meinst!

3.
Schon ein Baby braucht Raum und Zeit für sich

Betrachten wir die Fallgeschichte von Niki, dem Nesthäkchen: Er will nicht krabbeln lernen, während andere sich schon mit dem Laufenlernen befassen. Wozu auch die Anstrengung? Er kriegt doch auch so alles:

Niki, ein Nachzügler nach zwei älteren Schwestern, ist knapp ein Jahr alt und wird zur Vorsorgeuntersuchung vorgestellt. Die Mutter trägt ihn in Bauchlage auf dem Arm. Als ich zur Begrüßung näher trete, scheint ihn das etwas zu ängstigen. Die Mutter läßt ihn sofort an ihrem leicht nach oben gekrümmten, kleinen Finger saugen, was ihn auch tatsächlich vorübergehend beruhigt. Wir kommen gut ins Gespräch, anschließend untersuche ich Niki.

Anamnese und Untersuchung ergeben, in nüchternen Stichworten zusammengefaßt:
– keine altersgemäße Ernährung,
– chronische Schlafstörung,
– mäßiges Untergewicht,
– keine eigenständige Fortbewegung,
– Rundrücken im Sitzen (Sitzbuckel).
Außerdem fällt mir noch das blasse, etwas ausdruckslose Gesicht auf, der ständig leicht geöffnete Mund und das spärliche Plappern.

Wir erörtern die Situation: Nikis motorische Entwicklung verläuft verzögert, ohne daß eine neurologische Störung vorliegt.

Detailliert betrachtet ergibt sich folgendes Bild: Niki wird noch sehr viel auf dem Arm getragen. Versucht man ihn auf seine Krabbeldecke zu legen, protestiert er heftig.

Allenfalls spielt er dort einmal fünfzehn Minuten, aber nur, wenn er sitzen darf. Weil er dabei schon wiederholt recht unsanft umgekippt ist, wurde die Sitzecke gut gepolstert. Dennoch hält er sich nur selten dort auf. Denn wenn die Mutter ihn gerade nicht tragen kann, weil sie anderweitig beschäftigt ist, darf er die meiste Zeit in seinem Liegestühlchen dabeisein. Mit dem Löffel ißt er noch kaum – er wird noch teilweise gestillt, morgens und abends bekommt er sein Getreidemilchfläschchen.

Das nächtliche Stillen war einmal fast beendet. Seit die ersten Zähnchen kamen und mit ihnen ein Schnupfen, kommt er nachts wieder viel öfter: In Spitzenzeiten besteht er auf bis zu stündlichem Anlegen. Auch jetzt, mit einem Jahr, wird Niki nachts noch mehrfach gestillt oder in der oben beschriebenen Weise herumgetragen.

An Nikis Fallgeschichte fällt Ihnen sicher einiges auf: Zum Beispiel die Tatsache, daß er mit einem Jahr kaum eine Minute auf die Anwesenheit seiner Mutter verzichten kann. Offenbar kann er mit sich allein nichts Rechtes anfangen und muß daher ständig von ihr unterhalten werden. Alle Anregung, alle Abwechslung erfährt er von ihr. Weil Sender und Empfänger ständig in Kontakt sind, *ohne Pause in Kommunikation* stehen, erhält Niki kaum Gelegenheit, seine eigenen Möglichkeiten und Fähigkeiten kennenzulernen und zu erproben.

Das bleibt nicht ohne Folgen: In der kindlichen Entwicklung gilt allgemein, daß ohne Probieren und eifriges Üben kein Fortschritt möglich ist.

Bei Niki zeigt sich das am augenfälligsten in der *motorischen Entwicklung*: Er hat im Gegensatz zu gleichaltrigen Kindern *keine Freude* daran, seine Kräfte auf dem Fußboden zu erproben. Es macht ihm keinen Spaß, weil er nichts gelernt hat, was er dort tun könnte. Er protestiert, wenn man ihn hinzulegen versucht, und nur wenn man ihn *aufsetzt* und mit Spielsachen versorgt, gibt er sich für kurze Zeit zufrieden. Wenig später fordert er lautstark, von neuem unterhalten zu werden: ein Teufelskreis.

Offenbar bevorzugt er das Sitzen gegenüber dem Liegen. Das ist an sich nichts Ungewöhnliches: Diese Beobachtung machen die meisten Eltern, spätestens wenn ihr Baby einige Monate alt ist. Ich werde dann oft gefragt, ob es das denn schon dürfe. Lassen Sie mich daher kurz auf dieses *Sitzen-Wollen* eingehen:

Beobachten wir einmal, was ein Baby an Bewegungslektionen absolviert, *bevor* es das freie Sitzen erlangt: Mit vier oder fünf, vielleicht auch erst mit sechs bis sieben Monaten scheint es irgendwie immer *ungeduldiger* zu werden, es dreht sich aus der Rückenlage zur Seite, um eine neue Perspektive zu haben, es steckt immer heftiger die Fäustchen und alles, was es zu fassen kriegt, in den Mund, es schreit auch wieder häufiger „aus heiterem Himmel" oder zeigt auf andere Weise seinen zunehmenden *Tatendurst*. Es hat jetzt zeitenweise genug davon, immer brav „zu Hause" herumzuliegen. Das Vertraute, immer gleiche, als Grundlage der bisherigen Zufriedenheit, reicht ihm plötzlich nicht mehr zu seinem Glück. Beflügelt von einer Art *Aufbruchstimmung* wird es sich schließlich – in der Regel in einem unbeobachteten Augenblick – den letzten, entscheidenden Ruck geben, sich auf den Bauch drehen und überglücklich in die Runde blicken. Bravo!

Langeweile macht erfinderisch, und Finden macht glücklich! Dieses Grundmuster beschreibt eine wesentliche, allgemein gültige Motivation unseres Handelns. Auch unsere Jüngsten kommen auf diese Weise in die Gänge! Das Verlangen, sich aufzurichten, zunächst zum Sitz, später zum Stehen und zum aufrechten Gang, ist ungeheuer stark: Auch der Trägste vermag sich auf die Dauer nicht zu verweigern, auch ihn zieht es unwiderstehlich nach oben.

Der erste Schritt bei dieser „Erhebung" ist die *Aufrichtung des Kopfes*. Das gelingt aus Rückenlage (der Ausgangslage der statomotorischen Entwicklung) nur unvollständig und mühsam, perfekt aber *aus Bauchlage*. Das ist der Grund, weswegen der nicht mehr ausgelastete und daher gelangweilte, nach Abwechslung strebende Säugling sich ungefähr mit fünf bis sieben Monaten auf den Bauch dreht.

Prompt wird er belohnt für seine Anstrengungen: Mit stolz erhobenem Haupt genießt er den *Panoramablick* in die Runde, und natürlich auch unseren anerkennenden Applaus!

Aber, machen wir uns klar: Dieses Erlebnis ist erst der Vorgeschmack des Sitzens, gar des Stehens und Gehens, und dennnoch erfüllt es bereits das Baby mit einem unbändigen Glücksgefühl und beflügelt es zu weiteren Anstrengungen! Welche *Genügsamkeit und Geduld* werden von Natur aus von ihm gefordert! Ich habe vor jedem einzelnen Kind die größte Hochachtung, das sich immer wieder aufschwingt, neue Entwicklungsstufen zu erklimmen, und freue mich mit ihm, wenn es gelingt!

Leider ist es nun möglich, diese *Wechselwirkung zwischen Mühe und Lohn zu stören*, sie sogar zu unterlaufen.

Viele Eltern sind nicht in der Lage, seelenruhig abzuwarten, was ihr Kind sich einfallen läßt, um die Langeweile zu bekämpfen und kreativ zu werden. Sie können es nicht „mitansehen", wie es sich plagt und abrackert, und versuchen dementsprechend, mit immer neuen *Angeboten* zur Seite zu stehen: entweder mit ihrem ganzen *Beruhigungsprogramm* oder damit, daß das Baby etwas *Neues erleben* darf, was es aber ohne ihre Hilfe nicht erlangen könnte. Das Aufsetzen ist daher eine der häufigsten Formen von Verwöhnung, denen wir im Säuglingsalter begegnen[11].

Die Beruhigungsversuche mit Flasche, Schnuller, durch Anlegen zur Unzeit, Saugenlassen am dargereichten Finger bei gleichzeitigem Herumtragen (Niki!), Wiegen auf dem Arm usw. werden wir aber immer weniger Erfolg haben. Wir sollten erkennen, daß das Problem hier nicht ein Mangel an Nahrung oder an Geborgensein im Sinne von Kap. 1 und 2 ist, sondern ein *Mangel an Freiraum als Betätigungsfeld*, auf dem schrittweise ein Stück Unabhängigkeit erworben werden könnte.

So sehr am Anfang das Haltgeben ganz im Vordergrund unserer elterlichen Aufgaben steht, es darf die kindliche Entfaltung nicht blockieren. Der Startblock des Schwimmers bietet den Füßen den nötigen *Halt*, um sie unverzüglich *freizugeben* zum Absprung. Schon ein klebriger Kaugummi könnte das Ergebnis beeinträchtigen, erst recht weicher Morast an der Absprungstelle!

Ähnliches wie in der motorischen Entwicklung spielte sich ab im *Ernährungsverhalten* Nikis: Den Löffel zu akzeptieren setzt natürlich eine gewisse Bereitschaft voraus, sich auf *Veränderungen einzulassen*, auch nicht gleich beim ersten Mißerfolg aufzugeben, sondern geduldig dranzubleiben, bis es klappt mit der anfangs ungewohnten Technik. Aber wenn wir es erst gar nicht versuchen, dann erhält das Kind nicht die Möglichkeit, sich mit so etwas Neuem, Interessantem auseinanderzusetzen und sich daran zu bewähren.

Die Freude an der *Vielfalt der Kochkünste*, neben dem Gemeinschaftserlebnis des *Familientischs (s. Kap. 4)* der wichtigste Beitrag zu einem gesunden Eßverhalten, blieb Niki allzu lange unbekannt. Der Gewichtsstillstand war nur das augenfällige Symptom dessen, daß er keine *altersgemäße Beziehung zum Essen* entwickelte. Weil er auch im zweiten Halbjahr weiter auf die gleiche Weise wie in den ersten Monaten ernährt wurde, konnte er seine Erwartungen an die Nahrungsaufnahme nicht fortentwickeln. Auf dem Weg *„von der Brust zum Brot"* war etwas schiefgelaufen.

Nehmen wir also wieder unseren „Spickzettel" zur Hand und fügen hinzu:

Dritter Merksatz: **Laß mir Spielraum für Entdeckungen!**

Kaum, daß ein Kind seinen Halt gefunden hat und sich geborgen fühlt, sich vertraut gemacht hat mit sich und seiner Welt, wird es sich öffnen für Neues, wird *neugierig* werden,

den Hafen verlassen und auf Entdeckungstour gehen. Bieten wir ihm dazu die Gelegenheit! Die wird es um so entschlossener nützen, je routinierter es den *Weg zurück* findet *(s. Kap. 2).*

Der *Weg voran* wird also entscheidend erleichtert, wenn der *Weg zurück* „wie im Schlaf" gefunden wird. Daß auch das Umgekehrte gilt, daß ein Kind nur durch Ausleben seines Forscherdrangs und Erproben seiner Tüchtigkeit auch wieder Ausgleich und Ruhe findet, das betrachten wir in *Kap. 8.*

Das *Voran* und das *Zurück* bedingen sich also gegenseitig. Darauf müssen wir im Verlauf dieses Kapitels noch einmal zurückkommen.

Bleiben wir noch etwas bei der Anwendung unseres neuen Merksatzes auf dem Gebiet der *Bewegungsentwicklung*:

Der aufkeimende Tatendrang des Babys äußert sich, wie gesagt, oft in Form von Anheben des Kopfes in Rückenlage. Außerdem sind viele Babys deutlich zufriedener, wenn sie in das Sesselchen, die Sofaecke *(Achtung: Großes Unfallrisiko!),* in den Buggy, den Babyhopser oder in die Lauflernhilfe, das sogenannte „Gehfrei" *(allesamt sehr unfallträchtig!)* gesetzt werden. Viele aufmerksame Eltern schließen aus diesen Beobachtungen: Es scheint jetzt an der Zeit zu sein, dem Kind bei der Aufrichtung zu helfen, denn *„es will doch sitzen".*

Sehr zuvorkommend von diesen Eltern, aber: Durch diese gutgemeinte Hilfsbereitschaft wird gerade *verhindert*, daß das Baby seinen Tatendurst befriedigt, daß es ausprobiert, was in ihm steckt und versucht, *sich zu setzen!* Es wird sozusagen *ins Ziel getragen*, ohne selbst Mühe aufwenden zu müssen.

Am augenfälligsten geschieht das, wenn das Baby in das bereits genannte *„Gehfrei"* gesetzt wird, was viel zu viele Eltern tun, noch dazu oft schon mit fünf bis sechs Monaten, was aus entwicklungsneurologischer, orthopädischer und krankengymnastischer Sicht eine grauenhafte Untat darstellt! Nicht selten ist es das gutgemeinte Geschenk der

Großeltern zur Geburt des Enkelkindes. Und folgerichtig, schon nach wenigen Monaten – *Menschen lassen sich gern verführen, zumal die Kleinsten!* – sitzt der kleine Gernegroß in seinem Ferrari und kurvt los: Fahren ist viel schöner als zu Fuß zu gehen, um so mehr, wenn man letzteres noch gar nicht kann!

Durch diese *Vorwegnahme* werden dem Kind gleich zwei mühevolle Entwicklungsschritte erspart, indem die Frucht der (umgangenen) Mühe ihm in den Schoß gelegt wird: Einerseits braucht es das Sitzen nicht erst mühevoll zu lernen. Zum anderen darf es schon stehen und sogar in der ganzen Wohnung „mitmischen", ein ungeheuerliches Privileg für ein gerade halbjähriges Kind! *Wozu sich da noch unwürdig abmühen,* bäuchlings auf dem Boden, von wo man die Welt nur aus der Froschperspektive betrachten kann!

Ähnliches, wenn auch nicht in der gleichen Brisanz, geschieht bei genauerem Hinsehen auch beim so beliebten *Laufenlernen,* geführt an beiden Händchen, ja sogar schon dann, wenn sich das Kind unsere Hosenbeine als Haltemöglichkeit aussucht, um sich daran aufzurichten, statt sich an feste Möbelbeine zu halten: Es versucht schon das Großsein zu *genießen*, ohne dabei selbst aufpassen zu müssen, daß es nicht schiefgeht; es darf stehen und gehen, ohne daß es schon die *Verantwortung* dafür übernehmen müßte: Die delegiert es nämlich gern an uns!

Interessanterweise reagieren diese Kinder fast immer besonders empfindlich, schreien wehleidig und mit einem unverkennbar vorwurfsvollen Unterton, wenn sie straucheln oder auch nur sich ein wenig erschrecken.

Nein, mit der Aufforderung: *Laß mir Raum für Erkundungen!* kann nicht gemeint sein, Erfahrungsbereiche vorzeitig zu eröffnen, die von der Reihenfolge der Entwicklungsschritte her einfach noch nicht dran sind, die sich jedes Kind wenige Monate später *spontan* erarbeitet, wenn es eben an der Zeit ist!

Sicher, bequem ist es schon und daher so verführerisch,

die modernen Errungenschaften, die Hilfsmittel der Aufrichtung und der Fortbewegung schon im Säuglingsalter hereinzulassen in unser Leben, doch tritt dadurch eine vordergründige *Sofort-Befriedigung* an die Stelle von *nachhaltigem Aufbau der Bewegungssicherheit und des Selbstvertrauens.* Überlegen wir mal: Wie wird sich das auf die spätere Lernhaltung in der Schule auswirken, auf die Bereitschaft, Verantwortung zu übernehmen und einen Beitrag zu leisten als Mitglied der Gesellschaft? Ganz zu schweigen von den Folgen für das Kind selbst, für das Bild, das es von sich gewinnt, für seine Ich-Stärke: Hier wären Weichenstellungen möglich im Sinne einer echten, frühen *Suchtprävention!*

Verlassen wir aber besser diese vagen, für hoffnungsvolle Eltern vielleicht düster anmutenden Blicke in die Zukunft mancher Kinder und wenden uns lieber wieder der *alltäglichen* Gegenwart zu! Die geschilderte elterliche Willfährigkeit hat nämlich ganz konkrete Auswirkungen auf das Verhalten des Kindes und sein Verhältnis zu den Eltern: Es hat ja *keine echten Erfolgserlebnisse*, die es zufrieden machten, es erfährt tagtäglich von neuem seine Unfähigkeit, und es erlebt, daß die ständig größer werdende Langeweile scheinbar nur von den Eltern bekämpft werden kann. Denen gelingt das aber immer weniger, denn das Anspruchsniveau steigt stetig, und trotz zunehmenden Aufwands (Liebedienerei führt leicht zur Dosissteigerung!) nimmt ihr „Unterhaltungswert" mehr und mehr ab, wie bei einem zu oft gesehenen Kinofilm.

Das Baby wird *immer unzufriedener* mit seinen „Hofschranzen" – und besonders mit sich selbst. Es hat ein untrügliches Gespür dafür, rein gar nichts zu können, so daß die kümmerlichen Erfolgserlebnisse sich schließlich darin erschöpfen, die Eltern einzuspannen und sie zu dominieren: Der *kleine Tyrann*[12] ist ein bedauernswerter *Gefangener* der sich ihm unterordnenden Eltern!

Sie sehen, auf diese Weise schließt sich der *Teufelskreis der Hilflosigkeit und zunehmenden Abhängigkeit* von den

Eltern unerbittlich. Und immer unerbittlicher wird der ständig fordernde Quengelton sein, mit dem das Baby die Eltern auf Trab hält! Anfangs mag das ja noch ganz nett sein und von den Eltern großzügig und selbstlos hingenommen werden. Es kommt aber der Tag, da nervt es nicht nur, da liegen die Nerven blank, und weiteres „Schlucken" wäre schlicht Selbstverleugnung. Zu dieser Art von Unwahrhaftigkeit uns selbst und unserem Kind gegenüber steht mehr in *Kap. 7.*

Doch zurück zu Nikis Problem der mangelnden Selbständigkeit als Hauptursache seiner Entwicklungsverzögerung: Daß die Körperbeherrschung nicht zeitgerecht errungen wird, wenn dem Baby nicht der nötige Spielraum fürs eifrige Probieren und Üben gelassen wird, leuchtet sicher ein; wie aber kann man es erklären, daß Niki so *auffallend ängstlich* reagiert, daß er so wenig plappert, und daß er oft so matt, fast teilnahmslos wirkt? Liegt das auch daran, daß er so wenig freigelassen wird?

Sicher nicht ausschließlich. Wer als mutiger Draufgänger geboren wurde, wird sich nicht zum Angsthasen machen lassen, und umgekehrt wird ein Häschen Furchtsam nicht über Nacht zum unerschrockenen Helden „aufgebaut" werden können. Aber Einfluß haben wir Eltern allemal auf die Charaktereigenschaften unserer Kinder. Ein Baby, das seine Kräfte und Fähigkeiten wachsen spürt, dem wächst auch der nötige Mut leichter zu, und es wird sich in den Belastungssituationen nicht so verloren fühlen. Und wenn es mit etwa einem halben Jahr seine *Plapperlitaneien* vor und zurück deklamiert, mit der Stimme seine *Stimmungen*, mißlaunige wie freudige, auszudrücken lernt, in der Krabbelecke liegend seine *Füßchen* als Spielgefährten der *Hände* und als Schleck- und Beißobjekt für den *Mund* entdeckt, und wenn die Hände den *Augen* vorzeigen, was sie schon be-„*greifen*" gelernt haben, dann beginnen wir zu verstehen, wie elementar wichtig das *Explorieren*, das Erkunden des eigenen Körpers und seiner funktionellen Möglichkeiten ist.

Soll man das Baby also an den Fingern schlecken und saugen lassen? Ja, nach Belieben, aber nur an den *eigenen!* Denn nur die melden ihm zurück, wie sich das anfühlt, und nur die stehen ihm jederzeit zur Verfügung. Für ein erfolgreiches Erkunden muß es aber die nötige Ruhe, fast eine gewisse Abgeschiedenheit haben! Die größten Künstler schaffen die schönsten Werke wohlweislich unter Ausschluß der Öffentlichkeit!

Lassen Sie mich noch einmal das Bild vom Schloß mit den vielen Zimmern benützen *(s. Kap. 2)*, in welches unsere kleine Prinzessin, unser kleiner Prinz hineingeboren wird, und das sie/er unverzüglich zu erforschen und zu gestalten beginnt. Wie wir gesehen haben, sollte es dort Wegmarkierungen „zurück" geben, zurück zu bereits lange vertrauten Räumen, in denen das Kind Ruhe in sich selbst findet. Ebenso wichtig sind aber auch Räume, die zu *kreativem Tun* anregen; hier wiederum solche, in denen *gemeinsames* Tun erlebt wird, und andere, in die der kleine Pionier ganz *alleine* vorpirscht, wenn er Lust auf Tapetenwechsel verspürt. Vielleicht ist es sogar ein Gefühl wie auf hoher See, wenn ihn die Entdeckerlust dort hinaus treibt! Der *berechtigte Stolz*, etwas entdeckt, sich etwas erarbeitet zu haben, was man dann seinen Lieben vorführen kann: Dieses tief befriedigende Erlebnis sollten wir unseren Kindern ermöglichen durch *Zurückhaltung zur rechten Zeit!* Sie kommen schon früh genug wieder zurück, wenn nötig mit Hilfe der vertrauten Leuchttürme!

Auf der *Krabbeldecke* – und sehr bald auch daneben – passiert ja unendlich vieles:

- Greifen und Begreifen,
- Abschätzen von Richtungen und Entfernungen,
- Materialerfahrung,
- Anlegen von Maßstäben und Mengenbegriff,
- Körpersinn und Balancegefühl,
- Gymnastik und athletisches Krafttraining,

außerdem wird ein Riesen-Repertoire für Sing- und Sprech-stimme solo eingeübt, mit dem alles Erlebte begleitet und kommentiert wird. Bald folgen die kleinen Ausflüge und schließlich die großen Entdeckungsreisen! Und all das bil-det ungemein, denn *Bodenturnen macht fit:*

- Der *Körper* wird kraftvoll, seine Bewegungen geschmei-dig und sicher, die Hände geschickt.
- Auch *seelisch* wird das Kind gewinnen: Selbstvertrauen und Zuversicht, Ich-Stärke und Tatkraft sind keines-wegs Eigenschaften, die wir unbeeinflußbar in die Wie-ge gelegt bekommen!
- Nicht zuletzt wird die *geistige Entwicklung* günstig beeinflußt: Das Kind kann mehr und mehr seinen Blick-winkel, seinen Aufenthaltsort im Raum und seine Körperhaltung selbst bestimmen und damit auch die Objekte seines Interesses. Was Auge und Ohr, Mund, Hände und Füße erfassen, ist immer weniger dem Zu-fall überlassen.

Wir sollten uns einmal kurz in ein Baby hineinversetzen, das sich auf die Seite dreht und dabei den Stoffball wieder-findet, der ihm vor einer Weile entglitten ist: Freudig wird es den alten Bekannten begrüßen, mit Händen und Mund, vielleicht auch mit den nackten Fußsohlen die Beschaffen-heit prüfen und erneut ein wenig damit spielen. Die Sinne, bereits in Rückenlage geübt, miteinander in Beziehung gebracht und verwoben, werden *multimodal*, das heißt mehrere Sinne zugleich an **einem** Objekt, innerhalb **einer** Situation eingesetzt, und jeder der immer ausgiebigeren Streifzüge durchs Zimmer wird zu einer lehr- und ab-wechslungsreichen Lektion.

Nein, es bleibt nicht bei einer Sight-seeing-Tour mit di-stanziertem Blick durch das Fenster eines Reisebusses! Wie in einer *Ausstellung zum Anfassen* wird alles *be-griffen* und nicht nur bestaunt, werden die verschiedenen Ein-drücke miteinander verglichen. So Gelerntes prägt sich viel nachhaltiger ein, weil die Einzelinhalte der Sinneswahrnehmungen ein sinnvolles Ganzes ergeben. Man kriegt es *leichter auf die Reihe!* Die Welt wird für das Kind in ihrer *Struktur plausibel.*

Zur Klarstellung: Wenn ich hier von den Vorzügen des Krabbelns rede, dann meine ich ganz allgemein eine *eigenständige* Fortentwicklung der Statomotorik. Das bedeutet im wesentlichen, daß das Kind sich schrittweise *aufrichten und ohne Hilfsmittel fortbewegen* lernt. Manche Säuglinge kommen nach dem Erwerb des Umdrehens, des Rollens im Sinne der Fortbewegung über den Vierfüßlerstand zum Sitzen, ziehen sich zum Stand hoch und beginnen zu laufen, ohne gekrabbelt zu sein. Sie werden hierdurch keine Nachteile haben[13]. Das Entscheidende ist der *eigenständige Erwerb der aufrechten Position und des Fortkommens!*

Diese Entwicklung muß aus verschiedenen Gründen auf dem *Fußboden* stattfinden. Warum nicht auf dem *elterlichen Bett?* Als Kinderarzt muß ich darauf eingehen, warum ein Bett kein geeigneter Freiraum ist. Meine Bedenken beziehen sich auf mindestens drei Bereiche: Bewegungsentwicklung, Unfallprävention und Entwicklungspsychologie.

Bewegungsentwicklung: Die Unterlage ist zu weich, das Rollen wird dort erschwert – selbst eine Kugel rollt besser auf glattem Boden – und endet, wenn es dann endlich gelingt, allzu oft mit einem jähen Absturz (daher: *Unfallprävention!*).

Warum passiert das so oft? Warum passiert es selbst verantwortungsbewußten Eltern, die doch immer aufpassen, daß nichts passiert? Nun, so lange die Eltern in der Nähe sind, erwartet das Kind mit Recht von ihnen Abwechslung, Unterhaltung und Unterstützung. Es wird sich folglich in ihrem Beisein höchstwahrscheinlich **nicht** drehen. Das wird es erst dann tun und fatalerweise herabfallen, wenn sie ihm für einen Augenblick den Rücken kehren! Die Erwartung, daß sie auch Gefahren abwenden, wird so bitter enttäuscht.

Es fehlt also das Moment der Langeweile als Beweg-grund; und sollte es dem Kind **doch** in Anwesenheit der Bezugsperson langweilig werden, so wird eher diese dafür verantwortlich gemacht und mit unmißverständlichem Forderton zu mehr Animation angetrieben, nach dem Motto: Tu doch was, du siehst doch, mir ist langweilig! *(entwicklungspsychologische Begründung)*.

Zu den *Sesselchen, Wippen und Babyhopsern* nur so viel: Für die Autofahrt (Frage am Rande: Wieviele Stunden fährt denn Ihr Baby Auto in der Woche?) ist es klar, daß wir aus Sicherheitsgründen eine zuverlässige *Fixation* brauchen. Genau das *Gegenteil* beabsichtigen wir aber, wenn wir geeignete Freiräume schaffen wollen! Zuhause muß es also heißen: Weg mit den genannten Sitzhilfen! Setzen wir das Baby oft da hinein, stellt das eine Behinderung der eigenständigen Bewegung dar, gleichzeitig aber auch eine *Verwöhnung:* Es muß ja keine Eigenleistung aufbringen für das Sitzendürfen. Das macht träge und anspruchsvoll: Das „gesetzte" Baby wird sich mehr und mehr gegen die „gemeine" Herab-Setzung (!) wehren, wenn wir es wieder zu legen versuchen.

Machen wir es lieber von vornherein richtig: **Legen** wir unsere Säuglinge für gewöhnlich auf die Krabbeldecke am Boden, wenn sie unternehmungslustig werden! Hier können sie kullern und rutschen, sich recken und strecken nach Herzenslust, und nichts wird passieren, außer daß sie jeden Tag ein bißchen kräftiger, mobiler und klüger werden.

Die Dielen des Fußbodens sind *die Bretter, die die Welt bedeuten!* Und auf dieser Welt soll unsere Tochter, unser Sohn im sicheren, aufrechten Gang die kleinen und großen Schritte tun. Sorgen wir dafür, daß sie die *Boden-Schule* gründlich absovieren!

Vergleichen wir einmal die Situation eines solchen „Krabblers" mit der eines Traglings[14] und schließlich eines Gehfrei-Kindes:

- Das *Krabbelbaby* macht sich, wie beschrieben, selbst auf die Socken, wenn es Lust auf Veränderung hat, und die wird sich zur rechten Zeit einstellen, wenn es alles Bisherige integriert, es sozusagen auswendig gelernt hat. *Aufbruch zu neuen Ufern i*st die Devise! Die Neugier ist der Motor für die Mühe, und die Mühe wird belohnt durch das Erfolgserlebnis, Fertigkeiten zu beherrschen und Zusammenhänge zu verstehen.

- Der *Tragling* ist bei Naturvölkern ständig im Körperkontakt, nimmt teil an den Tätigkeiten der Mutter. Bei Nomaden – und unsere Vorfahren waren alle Nomaden – vermittelt das beständige *Unterwegs-Sein* dem Baby, nicht verlassen zu sein. Diese Art Fortbewegung ist eine passive, unfreiwillige, die sich nicht nach den aktuellen Wünschen des jüngsten Teilnehmers der Karawane richtet. Der erhält erst später Gelegenheit zum Kräftemessen, zum Tätigwerden aus eigener Initiative, und er wird wegen der langen Einengung seines Bewegungsdrangs sicher nicht lange zögern!

- Und der *Gehfrei-Fahrer*? Einen kleinen, feinen Sportwagen hat er da bekommen, und ohne sich die mühevolle Aufrichtung erarbeitet zu haben, saust er schon los, achtlos vorbei an den schönen Kleinigkeiten am Weg, der zu Boden gefallenen Wäscheklammer, dem Taschentuch der Schwester, dem Ball, der ihm vor einer Weile davongerollt ist. Er nimmt sich nicht die Zeit, ist schon um die Ecke, hat den Kopf schon so voller Eindrücke, von flüchtig Gesehenem, nicht Begriffenem, weil er es nicht be-*greifen*, nicht er-*fassen* konnte. Die Verknüpfung des mit den verschiedenen Sinnen Wahrgenommenen, die intermodale, sensorische Integration wird behindert.

Wir sehen: Es kommt weniger darauf an, *wann* und *wieviel* Spielraum gewährt wird für die Entdeckerlust; diese Frage beantwortet sich je nach der Lebensrealität des Kindes, seiner Familie und deren Kulturzugehörigkeit. Es kommt darauf an,

- daß dies stufenweise und der Reihe nach geschieht,
- daß das Streben nach oben ganz unten anfängt,
- daß die Begleiterscheinungen dieses Strebens nicht ausgeblendet werden, weil sie vielleicht lästig oder unangenehm sind.

Denn nur so kann ein Kind seine *Fähigkeiten* richtig einschätzen lernen, sie verfeinern und ergänzen, nur so kann es *Selbstvertrauen*[15] aufbauen, nur so wird es leicht auch mit *Rückschlägen* fertig oder mit der Erfahrung, daß es eben nicht immer nach dem eigenen Köpfchen geht!

Man sagt, in den ersten Lebesjahren *lernen wir das Lernen,* das heißt, wir erwerben uns grundlegende Strategien und Fertigkeiten, auf die wir zeitlebens zurückgreifen werden[16].

Niki erlebte dieses freudige Arbeiten an sich selbst nur sehr sporadisch. Viel zu oft glaubte seine Mutter, sie müsse sich um ihn kümmern und ihn herumtragen. Mit Hilfe einer Therapeutin gelang es ihm dann im zweiten Lebensjahr, zügig aufzuholen. Es machte ihm und seiner Mutter großen Spaß, und durch die neu entdeckte Lust an der Betätigung normalisierte sich der Entwicklungsstand der Körperbeherrschung, der Sprechfähigkeit und der Wahrnehmungsfunktionen vergleichsweise rasch. Nur die Ängstlichkeit blieb ihm noch lange erhalten.

Die *angstvolle Reaktion* auf banale Situationen ist ein weit verbreitetes Problem. Häufige Ursachen sind:

- Ein *Defizit an Gehaltensein* (evtl. auch bei den Eltern selbst, vergl. *Kap. 1*): Dem Schutz und Unterschlupf suchenden Kind wird genau dieses nicht hinreichend gewährt, und das macht angst.
- *Zuwenig Freiraum* für das Erfahren und Entwickeln der eigenen Stärke und Belastbarkeit sowie eines realistischen Gefahrenbewußtseins.

- Noch häufiger hat das Kind nicht gelernt, die beiden Wege klar voneinander zu unterscheiden: *Defizit an Polarität*, an Abgrenzung zwischen *Herangehen und Zurückweichen*.

Der Weg *voran* und der Weg *zurück* dürfen nämlich *auf gar keinen Fall gleichzeitig* beschritten werden! Ihnen mag das selbstverständlich erscheinen, ist es aber leider überhaupt nicht:

Svenja, zweieinhalb Jahre alt, ist jedesmal, wenn sie in die Praxis kommt, völlig aus dem Häuschen. Sie bricht bereits an der Ecke, wenn die Mutter in die Straße einbiegt, in panisches Angstgeschrei aus. Dabei hat sie nicht mehr Grund dazu als andere Kinder: keine problematische Vorgeschichte, die ihre Angst vor Ärzten erklären könnte.

Wie die Mutter berichtet, ist sie auch sonst alles andere als eine Heldin, zum Beispiel traut sie sich auf dem Spielplatz nicht zu den anderen Kindern, wenn sie ihre Mutter nicht am Rockzipfel mit zur Sandkiste ziehen darf. Wenn die Großeltern oder gute Freunde zu Besuch kommen, flüchtet sie zunächst in ihr Bett. Dabeisein mag sie erst später und nur, wenn sie bei Mutter oder Vater auf dem Schoß sitzen darf, ausgestattet mit Schnuller, Schmusetüchlein und Saftfläschchen.

Gelegentlich sehe ich Svenja mit ihrer Mutter bei Spaziergängen: Sie läßt sich fast immer noch im Buggy kutschieren, den Schnuller stets im Mund, die Teeflasche steckt griffbereit in einem praktischen Halter. Im Netz am Wagen gibt es Apfelschnitze, Kinder-Milchschnitten und manches andere.

Weil die Begegnungen auf dem Spielplatz ihr so wenig behagen, macht die Mutter meist einen Bogen darum. Vielleicht auch deswegen, weil ihr die Gespräche mit den anderen Müttern, den neunmalklugen, auf den Geist gehen.

Zusätzlich besteht eine die Familie schwer belastende

Schlafstörung. Schon am Abend zieht sich das Gute-Nacht-Ritual bis zu zwei Stunden hin; mit Geschichten, Liedern und wiederholten Trinkwünschen vergeht die Zeit. Die Mutter muß sich zu ihr legen, damit Svenjas Finger in Mutters Haaren und Ohr nesteln können. Durchgeschlafen hat Svenja noch nie.

Versuchen wir zunächst, uns klar darüber zu werden, was Svenja und ihren Eltern solches Kopfzerbrechen bereitet:

- *Verzagtheit*, ängstliche Gestimmtheit, *Panik*reaktionen,
- gestörtes *Sozialverhalten*,
- auffälliger, geradezu zwanghafter Umgang mit „*Trö-stern*",
- eine nervenaufreibende *Schlafstörung*.

Sie ist nicht in der Lage, einer Situation einigermaßen gelassen entgegenzugehen, wenn sie das Gefühl hat, daß diese Situation sie belasten könnte. Diese *ängstliche Erwartungshaltung* ist vor allem dann besonders ausgeprägt und steigert sich zu einem panikartigen Zustand, wenn sie merkt, daß sie *nicht entrinnen* kann. Nicht nur beim Arztbesuch ist das so, sondern auch beim Besuch der Großeltern, obwohl sie mit denen noch nie schlechte Erfahrungen hat machen müssen.

Diese Ängstlichkeit bewirkt eine *Isolation* von den gleichaltrigen Kindern und verhindert, daß Svenja sich allmählich mit ihnen anfreunden und durch Übung und schöne Erlebnisse schrittweise ihre Scheu verlieren kann.

Diese Isolation wird noch verstärkt durch die Spazierfahrten im Buggy mit allen Merkmalen der Babyzeit, die Svenja eigentlich längst hinter sich hätte lassen sollen: Wie wenn sie noch nicht laufen könnte, wird sie in halb liegender Haltung durch die Gegend kutschiert, was ihre Bequemlichkeit fördert, nicht aber ihre Lauffreudigkeit. Richtig *laufträge* ist sie, will kaum einen Schritt zu Fuß gehen.

Sprechfaul ist sie auch: Der Gewohnheitsschnuller erschwert das Reden und, falls sie doch einmal etwas sagt, das Verstandenwerden. Durch die der schiebenden Mutter abgewandte Position gibt es auch *wenig Blickkontakt*, so daß nicht einmal eine Gebärdensprache zwischen den beiden möglich ist: kein Lächeln, kein Augenzwinkern. Svenja kann nicht in den Augen der Mutter lesen, was diese von den Menschen hält, denen sie begegnen, ob sie dem Hund dort mißtraut oder ihn harmlos findet. Die Trägheit wird perfekt durch das stets griffbereite Beruhigungsfläschchen.

Was geschieht hier? Eine Gelegenheit, ein Freiraum für mögliche Erkundungen, eine *Entdeckungstour* wird umfunktioniert zum Rückzug ins Schneckenhaus. Man könnte sagen, die Schnecke zieht sich, noch während sie das Haus verläßt, *gleichzeitig zurück* in ihr Haus! Nicht nur das Handgreifliche, die direkte Berührung der an den Augen vorbeiziehenden Welt mit beiden Händen, das Spielen mit den kleinen Fundstücken am Weg, das Einsammeln und Ausstreuen der tausend Steinchen und Stöckchen, der Blätter und Halme wird konseqent unterbunden. Bei dieser *abgeschotteten* Sight-seeing-Tour fehlt sogar die zum Schauen ermunternde, freundlich erklärende Stimme der Reiseleiterin! Statt dessen sind alle Beruhigungsmittel parat; Fragen kommen nicht auf, denn die kleine Reisende ist zum Schweigen gebracht: *Mundtot* – ein schreckliches Wort!

Es ist traurig: Svenja darf nicht den *belebenden Wechsel* kennenlernen zwischen

- Erlebenwollen und Genughaben an Erlebtem,
- zwischen mutigem Darangehen und vorsichtigem Zurückweichen, zwischen Weiterlaufen und Verweilen,
- zwischen Fortstreben und Zurückwollen zur Mutter,
- zwischen Alleinemachen und Zusammensein.

Es gibt unerschöpflich viele solcher „*Polaritäten*", und jeder, der gerne und mit wachen Sinnen mit Kindern unterwegs ist, wird diese Aufzählung spielend fortsetzen können! Der dynamische Wechsel zwischen „*Draußen*" und „*Drinnen*" muß so selbstverständlich sein wie der Atem; alles andere wäre ein Krampf, dem Asthma nicht unähnlich!

Wenn Kinder den souveränen Umgang mit diesen Gegensätzen nicht einüben, werden sie nicht recht flügge. Im Unterschied zum Tierreich, wo es Nesthocker und Nestflüchter gibt, muß das „Menschenjunge" unzählige Male das Nest zu mutigen Erkundungsflügen verlassen, um danach wieder zurückzukehren, Kraft und Mut wieder zu regenerieren für neue Ausflüge.

Wer das nicht lernt, hat keine „Bandbreite", der wird „beengt" bleiben: *Ängste kommen von Engsein!*

Daher rührte auch bei Svenja die Angst vor Begegnungen, denen sie nicht ausweichen konnte. Und daß sie abends kein Ende finden konnte, weil sie den wohltuenden Wechsel vom täglichen Tun ins nächtliche Nichtstun nicht schaffte: Wen wundert's? Ein schlafgestörtes Kind hat Angst vor seinem nicht bewältigten Problem, denn *Schlaf ist immer Trennung*, und Gute-Nacht-Sagen ist Abschiednehmen, doch davon später (*siehe Kap. 6*).

Die ängstliche Grundhaltung kann ein Kind in seiner Aktivität lähmen, es beherrschen und ihm jede kindliche Unbekümmertheit rauben, vor allem dann, wenn ängstliche Eltern die *eigenen* Befürchtungen nicht in den Griff kriegen. Ein dummer Teufelskreis ist die Folge: Ein verzagtes, verzweifelt Schutz suchendes Kind werden ängstliche Eltern besonders zu beschützen versuchen, andererseits werden sie beim Ermutigen bestimmt nicht überzeugend sein! Noch mehr Verzagtheit löst noch bemühteres Schützen aus, und die ängstliche Grundhaltung in allen Lebenslagen wird sich so schnell nicht lösen. Auch aus diesem Grund ist es so wichtig, daß Eltern für sich selbst beizeiten nach guten Möglichkeiten des Haltfindens suchen (*vergl. Kap. 1*).

Zusammengefaßt:

Ein Kind strebt, kaum hat es seinen Halt gefunden, zu *neuen Ufern*. Das wird es um so mutiger und erfolgreicher tun, je trainierter es den *Weg zurück* beherrscht.

Daraus folgt für uns Eltern, daß wir nicht nur helfen können beim Haltfinden, sondern – ebenso wichtig! – durch *Eröffnen von Freiräumen*. Dabei kommt es darauf an, daß das Kind beim *Hinausgehen* das schützende Schneckenhaus auch ein Stückweit zurückläßt, um sich danach wieder *nach drinnen*, nach Hause zu sehnen und zu orientieren.

Verschonen wir es also vor ständigem „*Dauerbetutteln*" auch während der Ausflüge! Wenn das Küken Lust und Kraft verspürt, Nest und Mutter probehalber mal zurückzulassen, dann sollten wir es gewähren lassen. Wir sollten diese ersten Flugversuche mit Gelassenheit begleiten und nur eingreifen, wenn wir wirklich gebraucht werden!

Besonders wichtig: Vermeiden wir „Gespaltensein" im *Spagat der Außen-Innen-Orientierung!* Niemand kann unternehmungslustig aufbrechen und gleichzeitig ängstlich zuhause bleiben! Schon der Versuch macht *hirn-rissig, selbstunsicher und ängstlich*, und das muß nicht sein!

Laß mir Spielraum, damit ich die Welt, aber auch mich selbst entdecken kann! Bei aller Liebe: Verstell' mir nicht den Weg dahin!

4.
Mitglied werden:
Eines der wichtigsten Ziele

Mein Telefon klingelt. Es ist zwei Uhr nachts. Andy, vierzehn Monate alt und das jüngere von zwei Kindern, hat gerade heftig erbrochen. Nach Meinung der Mutter wirkt er sonst nicht krank. Jedenfalls hat er kein Fieber, keinen Durchfall. Ich kann ihn im Hintergrund fröhlich plappern hören. Wie immer frage ich nach, was er denn erbrochen habe: „Was er gegessen hat!" ist die Antwort.

Und was war das? Nach einigem hin und her habe ich einen genauen Überblick: Weil er schon seit Tagen ziemlich beim Essen streikt, hat er gegen Abend eine Kiwi verspeisen dürfen, danach einen „Fruchtzwerg" (kleine, süße, konzentrierte Quark-Fertigspeise), später eine Scheibe Wurst (das Brot verschenkte er weiter), dazu Kaba-Kakao.

Am nächsten Morgen sehen wir uns in der Sprechstunde: Andy ist wieder ziemlich fit, er hat den Rest der Nacht gut geschlafen. Die Mutter ist aber überhaupt nicht zufrieden: Das Eßverhalten ihres Sohnes macht ihr große Sorgen. Oft ist ihm nur unter Ablenkungsversuchen das Nötigste einzuflößen. Schon mehrfach hat er in letzter Zeit aus heiterem Himmel erbrochen.

Morgens und abends bekommt er „sein Kaba-Fläschchen", je 250 ml, mittags ein Babygläschen Gemüseallerlei, wobei nur zwei ganz bestimmte Produkte für ihn in Frage kommen. Meist nimmt er davon aber nur einige Löffel an, den Rest vertilgt seine große Schwester, wenn sie vom Kindergarten heimkommt.

Weil er so schlecht ißt, hat er immer freie Auswahl: Beim Einkaufen wird eine große Laugenbrezel gekauft, zwischendurch gibt es Löffelbisquit oder Südfrüchte, Kindermilchschnitten oder einen Fruchtjoghurt.

Ich möchte noch erwähnen, daß Andys Untersuchungsbefund keine Auffälligkeiten erbrachte. Nur der später nachgereichte Stuhlgang war sehr fest.

Ich erklärte der Mutter, daß ihr Sohn an einer *Eßstörung* leide, und daß wir zur Behandlung einiges umstellen müßten. Die Störung bestand ja offenkundig darin, daß er bei den regulären, gemeinsamen Mahlzeiten kaum etwas annahm, dafür aber um so mehr von den leckeren Sachen zwischendurch. Das von der Mutter zubereitete Essen verschmähte er gänzlich.

Er konnte auch locker darauf verzichten: Sein extravagantes Eßverhalten wurde ja konsequent unterstützt, seine *Rolle als etwas Besonderes* innerhalb der Familie noch herausgehoben, denn gewöhnliche Gerichte aus Grundnahrungsmitteln waren ihm nicht zuzumuten. Er konnte unter Besserem, Raffinierterem auswählen.

Sehr erstaunte es die Mutter zu hören, daß ein Baby *zwischen dem fünften und dem achten Monat* das größte Interesse zeigt an dem, was die Mutter und die anderen Großen sich so in den Mund schieben. Wenn es in dieser *sensiblen Phase* immer regelmäßiger Gelegenheit erhält, mit gierigen Augen, Mund und Händen sich etwas vom Teller der Mutter zu erbetteln, dann wird mit Sicherheit die Begeisterung von Tag zu Tag wachsen.

War der Zug für Andy schon abgefahren? Glücklicherweise nein, denn bei Kindern gilt: Zu spät ist es fast nie! Allerdings kann es schwieriger werden weiterzukommen, wenn der beste Zeitpunkt verpaßt ist:

Wir legten uns fest auf vier Tagesmahlzeiten. Dazwischen durfte Andy nur wählen zwischen Wasser, Tee, einem Apfelschnitz oder einem Stück Karotte, selbstverständlich immer nur am Eßtisch. Auch für die Mahlzeiten gab es maßgeschneiderte Tips. Ich mußte allerdings all meine Überzeugungskräfte aufbringen: Nicht nur die Erfahrungen, die die Mutter in der Vergangenheit mit Andy gemacht hatte, auch zwei Großmütter hatte ich zunächst gegen mich, die das Kind schon fast verhungern sahen und meinen „drastischen Methoden" mit Argwohn gegenüberstanden.

Aber es klappte. Allen Widrigkeiten zum Trotz hatten Andy, seine Mutter und ich Erfolg:

Ab sofort wird Andy jeden Morgen mit einem Becher kaltem Tee vom Vorabend begrüßt. Die Tür bleibt offen, so daß er mitbekommt, wie Mutter und Schwester fröhlich das Frühstück richten.

Nach zwei Kaba-losen Tagen beginnt sich Andy für das Frühstück der „Großen" zu interessieren. Zunächst noch zaghaft, dann immer energischer fordert er seinen Platz in der Runde ein. Die Schwester muß bald ihren Teller gegen die Mundraubattacken des Brüderchens verteidigen! Zur Freude der Mutter sind die beiden nahe daran, sich ums Essen zu balgen!

Lassen Sie mich noch einen weiteren Fall schildern, bei dem es nur scheinbar um etwas ganz anderes ging:

Es ist Sylvesterabend, gegen 23.30 Uhr. Ich habe Bereitschaftsdienst. Laura, zwanzig Monate alt, ist an einem akuten Brechdurchfall erkrankt. Das Erbrechen hat schon nach wenigen Stunden aufgehört, aber der Durchfall hält unvermindert an, obwohl Laura nichts mehr zu sich nimmt. Wegen zunehmender Ermattung und drohender Austrocknung stellt sich die Frage der stationären Einweisung.

Beim Hausbesuch finde ich Laura schlapp in der Sofaecke sitzend, mit leichtem Fieber. Außer Lauras Eltern sind weitere Erwachsene anwesend: Eigentlich wollte man ja gemeinsam Sylvester feiern. Gedrückte Stimmung!

Die Austrocknung ist tatsächlich schon etwas fortgeschritten. Da Laura wirklich nichts trinkt, sich sogar standhaft wehrt gegen Versuche, ihr den Flaschensauger zwischen die Lippen zu schieben, bleibt anscheinend kein anderer Weg als die Einweisung in die Kinderklinik. Ich fülle das Formular aus. Der Zeiger der Wanduhr rückt gegen zwölf.

„Kommen Sie, das hat jetzt auch noch fünf Minuten Zeit!" Mit diesen Worten drückt mir der Gastgeber ein Sektglas in die Hand. Wir stehen noch einen Moment, wechseln ein paar Worte. Dann schlägt es zwölf. Man stößt unter den üblichen guten Wünschen mit den Gläsern an, und als alle die Gläser an die Lippe setzen, geschieht es: Laura, die wir für einige Augenblicke fast vergessen haben, streckt unmißverständlich die Händchen aus und sagt deutlich: „Auch trinken!"

Ein weiteres Sektglas ist schnell zur Hand und mit Mineralwasser gefüllt. Halb erleichtert, halb ungläubig sehen die Eltern zu, wie Laura in bedächtigen Schlucken das Glas lehrt. Draußen böllert das Neujahrsfeuerwerk.

Der Bann war tatsächlich gebrochen. Laura war am nächsten Morgen schon auf dem Weg der Besserung. Das nicht benötigte Einweisungsformular hoben die Eltern lange auf, als Erinnerung an ein denkwürdiges Sylvestererlebnis.

Was war geschehen? Solange Laura sich gedrängt fühlte zu trinken, weigerte sie sich dagegen. Je mehr die Eltern sich anstrengten – Flaschen und Lieblingsbecher wurden hervorgeholt, versuchsweise ein wenig Sirup oder Fruchtsaft in den Tee gegeben, zur Ablenkung das Radio eingeschaltet – desto heftiger setzte sich das Kind zur Wehr. Erst als man von ihr abließ und die Erwachsenen sich mit sich selbst befaßten, konnte Laura ihr eigenes Interesse entdecken: *Mittrinken* wollte sie, ausgerechnet in dem Moment, als alle trinken und sie gerade übergehen wollten!

Formulieren wir also einen weiteren Merksatz:

Vierter Merksatz: **Laßt mich dazugehören!**

71

So verschieden die Probleme von Andy und Laura auch sein mochten, eines hatten sie gemeinsam: Sie **sollten** etwas zu sich nehmen, und beide sträubten sich vehement dagegen. Es ist wirklich kein Einzelfall, daß dieses eigensinnig erscheinende Verhalten von Kindern zu dramatischen Situationen mit akuter Gesundheitsgefährdung führt. Wenn *Eltern unter Druck* stehen, sich ängstigen wegen der Erkrankung ihres Kindes, wenn sie den Druck an das Kind *weitergeben*, dann verfehlen sie unter Umständen gerade ihr Ziel.

Wenn sie die zwingende Vorstellung haben, das Kind müsse dasjenige essen oder trinken, was seiner Gesundheit oder Genesung dient, dann führt der direkte Weg oft nicht zum Ziel. Im Gegenteil: Es geht oft viel leichter, wenn man dem kleinen Patienten trotz aller Fürsorge die nötige *Luft* läßt, damit er erst einmal *Verlangen* nach etwas Eß- oder Trinkbarem spüren kann. Anders ausgedrückt: Er muß erst einmal merken, daß ihm etwas „abgeht", etwas fehlt zu seinem Wohlbefinden.

Glücklicherweise dauert das in aller Regel nicht lange: Fast immer kann man es getrost abwarten. Man muß eben im richtigen Moment auch mal lockerlassen können!

Andy wie Laura besannen sich jedenfalls eines Besseren und gaben den Streik auf. Sie konnten rechtzeitig ihr wirkliches Interesse entdecken und Hunger und Durst spüren, nachdem die *Fremdbestimmung (Iß doch etwas! – Trink doch bitte endlich!)* zurückgenommen wurde und der *Eigenregulation* des Kindes *(Ich will jetzt was haben: Wo krieg ich's her?)* Raum gab. Fremdbestimmung kann Kinder zu hartnäckigem Widerstand herausfordern, keineswegs nur im typischen Trotzalter!

Natürlich ist es sehr hilfreich, wenn das Kind es gar nicht anders gewohnt ist: Wenn es Hunger und Durst verspürt, sucht es die Großen auf. Denn dort gibt es (hoffentlich!) zu regelmäßigen Zeiten etwas, man braucht nur mitzumachen!

Wir sehen: Zuviel *Fremd*bestimmung ist nicht gut. Gibt es auch ein Zuviel an *Selbst*bestimmung?

Ja! Es gibt Kleinkinder, die gehen, kaum daß sie laufengelernt haben, an den Küchenschrank, bedienen sich dort mit Keksen oder mit Wurst und bekommen vielleicht sogar anerkennende Worte zu hören („der weiß schon genau, wo man das Bier holt!"): Ich frage mich: Ist es überhaupt möglich, daß ein solcher *frühreifer Selbstversorger* Freude über die elterlichen Kochkünste empfindet? Kann er mit gespannter Erwartung die Düfte unterscheiden lernen, die gegen Mittag verheißungsvoll durch die Wohnung ziehen? Kann er mit großen Augen beobachten, wie das Essen auf den Tisch gestellt wird? Kann er ein *unproblematischer Kostgänger* werden? Wohl kaum!

Fassen wir also das Problem Fremd- oder Selbstbestimmung, soweit es uns hier beschäftigt, zusammen: *„Ich fühle mich am wohlsten, wenn ich selbst entscheiden kann,* **ob** *ich Hunger oder Durst habe, und wenn ich dann bei den Großen mittafeln darf!* **Wann** *es was gibt, und* **was** *es gibt, bestimmen die Großen, die wissen das besser. Und wenn ich mal krank bin, ist das besonders wichtig!"*

Hier zeigt es sich wieder, wie sich so manches Problem im Umgang mit Kindern fast von alleine löst, wenn wir selbst „gute Gewohnheiten" haben, denn *Mit-Esser sind immer gute Esser!*

Aber nicht nur durch Gewährenlassen bei der Selbstbedienung am Kühlschrank oder beim Einkauf, auch durch häufiges *Anbieten* oder gar *Bitten* können wir unseren Kindern den Appetit regelrecht verderben. *Appetit* bedeutet wörtlich, nach etwas zu *streben*, und wer strebt schon nach etwas, das ihm ständig entgegengebracht und angeboten wird wie saures Bier?

Lassen wir also diese Art Anbiederung und vertrauen wir lieber darauf, daß eine regelmäßig und häufig genug stattfindende, lustige Tischrunde wie ein Magnet wirkt!

Die Bedeutung dieser *Tischgemeinschaft* kann gar nicht hoch genug eingeschätzt werden. Das kann man von kinderreichen Familien (die gibt es noch!), aber auch in gut geführten Krabbelstuben, in SOS-Kinderdörfern und ähnlichen Einrichtungen lernen: Hier sind Eßstörungen so gut wie unbekannt. Auch Andy und seine Schwester hätten sich ja fast ums Essen gebalgt.

Daß wir wie deren Mutter die *sensible Phase* des Mitessen-Lernens verpassen, wird uns kaum passieren, wenn wir über zweierlei verfügen: *Beobachtungsgabe* und ein gewisses Maß an *Selbstliebe*. Denn wenn das Kind mitkriegt, wie seine Mutter mit Appetit ißt, wird es nahe dabeisein wollen. Es wird nachahmend den Mund öffnen, wenn der Bissen naht, und protestieren, wenn es nichts abkriegt.

Jede Mutter, die das dritte aufzieht, wird es bestätigen: Wenn man mehrere Kinder hat, ist es gar nicht zu vermeiden, daß das Jüngste irgendwann sich gerade dann meldet und schon einmal auf den Schoß genommen wird, wenn die Größeren beim Essen sind. Alles weitere findet sich dann von selbst: Das Jüngste wird immer regelmäßiger dabeisein wollen und seine Schlafzeiten danach ausrichten. Schließlich ist es allemal interessanter, sich mit entsprechendem Charme etwas zu ergattern, als alleine abgefüttert zu werden und immer nur den Schnabel zu öffnen, wenn der angebotene Bissen naht.

Und *Alleinerziehende* mit nur einem Kind? Der grundsätzliche Unterschied ist eigentlich nur der: Es ergibt sich *nicht zwangsläufig* eine Tischrunde, zu der sich das Baby hingezogen fühlen könnte. Ich muß schon selbst ein Interesse daran haben. Denn nicht so sehr die Zahl der Köpfe macht die Attraktivität aus; eher ist es das Gefühl: Da tut sich jemand etwas Gutes und hat Freude am Essen, da würde ich gerne mitmachen!

Ist der „*schlechte Esser*" schon im zweiten (Andy!) oder gar dritten Lebensjahr, dann hilft es fast immer, wenn wir die *Attraktivität der Tischrunde* getrost noch steigern:

- Natürlich muß er einen guten Hunger mitbringen: Keine Appetitkiller in den Stunden davor!
- Er darf mithelfen bei der Dekoration (das Auge ißt mit!).
- Er bekommt nur kleine, von der Zusammensetzung her

vollständige Portionen auf den Teller. So wird Aussortieren und Herumstochern vermieden.

- Verlangt er Nachschlag: mit Freuden!
- Das Wichtigste ist der Grundsatz: Wir geben *uns selbst* das Dinner, und großzügigerweise ist es erlaubt mitzuessen!

In vielen Familien wird das Baby als erste gemeinsame Familienmahlzeit das Abendbrot kennenlernen: Man muß nicht lange nachdenken, ob es das denn schon essen kann. Jedes Baby ist mit etwa acht bis neun Monaten soweit, daß es kleine Brothäppchen mit ein wenig Käse, Quark oder milder Wurst ergreifen und verspeisen kann, unabhängig davon, ob schon Zähnchen da sind.

Im Bekanntenkreis erlebte ich einmal folgende Szene:

Melanie, drei Jahre alt, sitzt im Hochstuhl und wird löffelweise gefüttert. Es gibt Grießbrei mit Apfelmus. Sie ist wenig interessiert am Essen, spielt dabei mit Playmobilpüppchen, muß immer wieder von der Mutter ermahnt werden, den Mund aufzumachen und auch das Schlucken nicht zu vergessen. Der Kassettenrecorder erzählt das Märchen vom Froschkönig.

In der Ecke sitzt der zehn Monate alte Paul. Er hat seine Getreidemilchflasche nur zur Hälfte ausgetrunken und versucht jetzt, den Rest auf dem Fußboden zu verteilen. Die Mutter nimmt ihm genervt die Flasche weg und erstickt den lautstarken Protest mit dem Schnuller, geht seufzend zurück zu der im Brei herumstochernden Melanie.

Nach einer knappen Woche – wir haben uns inzwischen ein wenig ausgetauscht – sieht das Abendbrot schon ganz anders aus: Alle drei essen fröhlich Butterbrot und kleine Käsewürfel, dazu etwas Tomate mit Dill. Zum Trinken gibt es Früchtetee. Nach dem Zähneputzen bleibt noch genügend Zeit, um ein schönes Gute-Nacht-Märchen zu erzählen.

Kennen Sie Paul? Ich denke ja, denn Kinder, die allmählich ihrer Flasche überdrüssig werden, sind Ihnen sicher auch schon begegnet. Eigentlich ist es immer ein Zeichen von Überdruß oder Überfluß, wenn Kinder in deutlich provozierender Weise mit dem Essen oder dem Getränk spielen. In diesem Fall soll das kindliche Verhalten zusätzlich besagen: „Es ist langweilig, hier unten allein zu sitzen und mit der Flasche abgespeist zu werden, während ihr euch viel Besseres und vor allem mehr Abwechslung gönnt!"

Paul hatte recht: Er protestierte auf seine Art gegen die Zurücksetzung. Erst im nachhinein wurde der Mutter bewußt, daß sie ihn tatsächlich mit der Flasche besänftigen wollte. Durchaus verständlich, schließlich kann ein Tag mit zwei Kleinkindern ganz schön an die Substanz gehen! Nur, die bisherigen Methoden, Paul zufriedenzustellen, funktionierten nicht mehr. Dafür die neuen um so besser!

Orale Angebote wie Schnuller und Flasche haben sehr häufig den Zweck, das Kind zur Ruhe zu bringen, ihm *„den Mund zu stopfen"*, damit es nicht nervt. Auf diese Art ruhiggestellte Kinder nerven aber viel und oft und immer mehr,

- weil sie die Erfahrung gemacht haben, daß sie so erneut (fragwürdige) Zuwendung erhalten,
- weil sie dadurch immer unzufriedener werden, denn schließlich wollten sie uns ja etwas mitteilen, sind es aber nicht losgeworden!

Paul jedenfalls wollte mitteilen, daß er jetzt lange genug Säugling war und jetzt dazugehören wollte. Entsprechend glücklich war er, als er sein Ziel erreicht hatte!

Das *Dazugehörenwollen vor allem beim Essen* hat eine entscheidende Bedeutung, einerseits für das Eßverhalten und damit für die körperliche *Robustheit*, andererseits für das *Sozialverhalten* des Kindes, zum dritten für das *Familienklima* und nicht zuletzt für die Frage, ob *Kochen* über-

haupt noch *Freude* macht. Ich möchte daher nochmals auf-
listen, womit wir dabei *hinderlich* sein können:

- Zuviel *Fremd*bestimmung verhindert Eigenregulation,
- zuviel und zu frühe *Selbst*bestimmung macht anspruchsvoll und überheblich,
- ständiges *Anbieten und Bitten* beim Essen gefährden
den Appetit, erst recht die vielen Häppchen zwischendurch (dazu später mehr).
- Verpassen der *Tischgemeinschaft* gefährdet zusätzlich
die Sozialentwicklung,
- zuviel „*Mund zu!*"-*Angebote* sind hochverdächtig auf
Ersatzbefriedigung, können eine Suchtentwicklung begünstigen und beeinträchtigen Kommunikation und
Selbstvertrauen.
- Sogenanntes *Snacking:* Wo nicht mehr gekocht wird,
wo es vorwiegend Fastfood, kleine Snacks, Trinkjo-
ghurts und anderes „*so zwischendurch*" gibt, kann man
von den Jüngsten wirklich nicht erwarten, daß sie die
Grundnahrungsmittel schätzen lernen. Einfache Regel:
Süßes und andere Verführer gibt's nur *nach* dem „vernünftigen" Essen, denn verführbar sind wir alle, Groß
und Klein! Nicht umsonst heißt es *Nach*tisch! Ohne die
guten Gewohnheiten geht eben nichts...

Zu dieser Liste der Ursachen für Eßprobleme gehört unbe-
dingt auch die vielgerühmte *Milch am Morgen:* Manchem
scheint das nicht zu schaden, aber bei den meisten Kindern
wirkt das reine Milchfrühstück, der „Schokischoppen"
usw. als nachhaltiger Appetitkiller. Erst recht natürlich,
wenn dazu die Trinkflasche benützt, womöglich gar ans
Bett gebracht wird. Vielleicht lieb gemeint, aber – über-
spitzt heißt das doch: Komm ja nicht auf die Idee, uns beim
Essen zu stören!

Ich habe die größte Hochachtung vor Eltern, die diese
Fehler vermeiden oder sie rechtzeitig korrigieren, wie im
Falle Pauls, der prompt seine Freude ausdrückte über das

neue Zugehörigkeitserlebnis. Denn die *„alte"* Art, dazuzugehören, war nicht mehr altersgemäß für Paul. Er war ihr entwachsen, hatte sich aus ihr *herausentwickelt*. Er hatte bemerkt, daß so vieles ohne ihn ablief, vor allem so interessante Vorgänge wie *gemeinschaftliches Essen* am Tisch. Er fühlte sich schlicht ausgeschlossen.

Ent-Wicklung bedeutet ja so etwas wie *Häutung*, wie bei einer Raupe: Die alte Haut wird zu eng und schließlich abgestreift. Weil ein Kind sozusagen immer wacher wird im Lauf der Monate, stellt es von Zeit zu Zeit immer wieder fest, daß die Großen ihm doch wieder etwas voraushaben, was es ausgrenzt, und es wird nicht Ruhe geben, bis es die neu erkannte Hürde glücklich überwunden hat.

Immer wieder auf eine neue Art dazuzugehören: Das ist wohl das wichtigste Bedürfnis des Kindes, das sein ganzes Streben darauf richtet, seinen Platz zu finden[17].

Ich denke, es lohnt sich, einmal zurückzuschauen und zu betrachten, wie das *Baby in den ersten Wochen* schon zu solchen Gemeinschaftserlebnissen, eben zu dem so beglückenden *Zugehörigkeitsgefühl* kommt, lange bevor es die Tischgemeinschaft erobert:

- *Das Neugeborene* wird, wie wir gesehen haben *(siehe Kap. 1)*, keinen sehnlicheren Wunsch haben, als sich eindrücklich erinnert zu fühlen an das vorgeburtliche Leben: Zugehöriger geht es gar nicht, als umschlossen zu sein, *Teil zu sein* eines großen, lebendigen Ganzen.
- *Mit einem Monat* etwa tritt das Baby meist schon in eine neue Entwicklungsphase: Gegen Ende der Mahlzeit läßt es sich gerne mit sanfter Stimme ansprechen, schaut schließlich auf und erblickt das Gesicht der Mutter: Ein immer lebendigeres *Zwiegespräch* hat bald seinen festen Platz im Zusammensein der beiden, am besten und schönsten immer nach dem Sattwerden. Ohne diesen geistigen Austausch, ohne sinnliche Wahrnehmung des Gegenübers würde beiden etwas Wesentliches zu dem Gefühl der Verbundenheit fehlen!

Der sieben Wochen alte Gino wird wegen Bauchweh und anhaltenden Schreiattacken gebracht. Er hat oft Schluckauf, Blähungen, spuckt selten.

Die Untersuchung zeigt, daß Gino nichts fehlt, er hat nur etwas Pilzbefall im Mund und am Po. Die Waage beweist es: Gino hat wöchtlich fast vierhundert Gramm zugelegt.

Beim Nachfragen stellt sich heraus: Gino macht beim Trinken ziemlich viele Pausen und schläft fast ein, so daß er nach der ersten Brust gewickelt wird. So wird er wieder etwas munter. Die zweite Seite trinkt er noch dusseliger und fällt dabei in Tiefschlaf.

Wenn er jetzt in seine Wiege gelegt wird, wacht er kurze Zeit später unter heftigem Weinen auf, manchmal bereits beim Versuch, ihn hinzulegen. Er darf dann noch einmal trinken, was ihn aber oft noch mehr durcheinanderbringt. Meistens muß man ihn dann lange herumtragen, wobei er abwechselnd döst oder mit dem Köpfchen unruhig hin- und hersucht und die Beinchen bewegt. Richtig ausgeglichen ist er eigentlich nie.

Nicht selten schläft er überhaupt nicht zwischen zwei Mahlzeiten. Dann wird es ganz schwierig mit ihm: Zu müde zum Trinken, zu hungrig zum Schlafen. Zum Verzweifeln!

Wir beratschlagen und vereinbaren einige Veränderungen:

- Wenn Gino sich meldet, wird er so schnell wie möglich angelegt. Voraussetzung: ausreichend langer Abstand zur vorangegangenen Mahlzeit, mindestens $2^1/_2$ Stunden.
- Während des Stillens achtet die Mutter auf Saugrhythmus und -intensität, also auf Ginos Trinklust.
- Bei den ersten Zeichen von Müdigkeit oder Sattwerden (wahrscheinlich schon nach vier bis fünf Minuten!) nimmt sie ihn fürs Bäuerchen und zum Kräftesammeln hoch. Aber schon nach höchstens drei weiteren Minuten ist das Zwischenpäuschen um.

- Die Mahlzeit wird fortgesetzt. Jetzt darf Gino nur so lange trinken, wie er zügig trinkt. Dabei spricht die Mutter aber ein wenig mit ihm, vermeidet die schon zur Gewohnheit gewordenen, einschläfernden „Schaukelbewegungen".

- Statt dessen macht sie ihm Komplimente wegen seiner schönen, großen Augen, lobt ihn wegen seiner tüchtigen Leistung usw.

- Danach wird Gino gewickelt und, wenn es die Tageszeit erlaubt, für einen kleinen Spaziergang gerichtet. Erst jetzt erhält Gino Schlaferlaubnis.

Nach einer Woche sehen wir uns wieder. Ich brauche nicht lange zu fragen: Gino ist nach Überzeugung der Mutter großartig! Meistens will er gar nicht die zweite Seite[18], solchen Spaß macht die Unterhaltung! Je nachdem, was man ihm erzählt, macht er verschiedene Gesichter, lächelt oder gurrt „Eröh" und „Grö-re". Er schläft mehr und besser als vorher.

Auch Gino, davon bin ich überzeugt, findet seine Mama großartig. Ich kann mir nicht verkneifen, es ihr zu sagen. Babys in Ginos Alter zögern nämlich keine Minute und verlieben sich augenblicklich in ihre Mutter, wenn sie sie zum ersten Mal mit wachen Sinnen wahrnehmen. Voraussetzung hierfür ist natürlich, daß sie sowohl *ausgeschlafen* als auch *gesättigt* sind.

Anders ausgedrückt: Nach dem Erwachen und der anschließenden Mahlzeit ist ein gesundes Baby *keineswegs gleich wieder müde*. Im Gegenteil, es möchte ein wenig schauen und lauschen, was es noch Interessantes in der Welt gibt außer Trinken und Schlafen!

Das hatte es bisher praktisch nicht gegeben, denn Gino hatte immer bis zum Müdewerden getrunken, und nach dem viel zu kurzen Dusselschlaf war er unausgeglichen gewesen und hatte unter Verdauungsbeschwerden gelitten.

Jetzt aber ist alles viel klarer: Beim Erwachen meldet er meistens recht bald sein Bedürfnis, trinkt kräftig und zügig, und nach weniger als zehn Minuten ist er ganz Auge, ganz Ohr für seine Mama! Auch das Wickeln und die Pflege genießt er sichtlich, ebenso die entspannenden Verdauungsspaziergänge.

Ich möchte nicht verheimlichen, daß solche Momente wie diese Begegnung zu den schönsten der kinderärztlichen Tätigkeit gehören!

Sie werden sich fragen, wie denn ein so unglaublicher Umschwung im Verhalten eines Babys zu erklären ist. Eigentlich ganz einfach, wenn Sie sich nochmals an das Bild vom *Schloß mit vielen Zimmern (siehe Kap. 2)* erinnern:

Wenn das Baby erwacht und sozusagen aus dem Schlafzimmer in das Eßzimmer wechselt, dann tun wir gut daran, ihm nicht die Sicht auf das Anderssein dieses Raumes zu verstellen: Hier ist es hell, man sieht und hört, mit wem man zusammen ist. Dann geht's zum Wickeln ins Bad, wo es warm ist und man so schön nackt strampeln kann, bevor man eine frische Windel kriegt. Und später, beim Verdauungsspaziergang draußen, läßt es sich so wunderbar entspannt schlafen. Der Tageslauf bekommt Konturen, die Eindrücke sind leichter zu überblicken. Das beglückende *Erlebnis des Dazugehörens* wird wirklich und intensiv *erlebt und nicht verschlafen!*

Lassen Sie mich an dieser Stelle eine Bemerkung zum *Thema Muttermilch* machen: *Nichtstillende* Leserinnen könnten den Eindruck gewinnen, ich würde ihre Situation nicht ausreichend berücksichtigen, und *stillende* könnten denken, ich ginge nur auf Probleme ein, die beim Stillen auftreten können. Daher möchte ich mich klar äußern: Die natürliche Ernährung hat unbestrittene Vorzüge! Es gibt aber Situationen, in denen es damit nicht klappt. In diesem Buch geht es nicht um Stillen oder Nicht-Stillen, sondern um das Haltgeben, und das sieht so oder so doch recht ähnlich aus!

So oder so sollte die Mahlzeit mehr und mehr ein frohes, ausgeruhtes Tun, eine lustige Arbeit sein, mit wachen Sinnen für das *Wir.* Wenn man so will, ist bereits das eine

Art *Tischgemeinschaft!* Und wie bei einem fröhlichen Fest wird die Unterhaltung immer angeregter, je voller der Magen ist, und endet keineswegs mit dem letzten Bissen!

Die Verhaltensforscher sprechen von der *Dialogstruktur des Stillens*[19], die überleitet zu einer Phase besonders intensiver *Kommunikation* direkt im Anschluß daran. Wir ahnen, welche zentrale Bedeutung diese Erfahrungen für die seelische und soziale Entwicklung des Kindes haben!

Damit das Baby in den Genuß dieser wunderbaren Erfahrungen kommt, sollten wir ihm behilflich sein: Der *Aktionszyklus*, die Rundtour durch die verschiedenen Zimmer des Schlosses, muß nämlich wie bei einem *Karussell* die *richtige Richtung* haben *(vergl. Abb.2, S.37), damit das Zusammensein, das Dazugehören wach und mit angenehmen Gefühlen erlebt wird:*

- Mit dem *Erwachen* setzt sich der Zyklus in Gang.
- Das Baby signalisiert bald: Ich habe *Hunger!*
- *Trinken* ist schön: Freude auf beiden Seiten!
- *Stilldialog* und Interesse aneinander leiten über zum
- *Plauderstündchen*, weiter zur
- *Pflege- und Wickelzeremonie.*
- *Entspannen* gelingt anfangs am besten durch *Halt-finden*, Körper an Körper, oder beim *Unterwegssein*, bald auch ganz einfach im Bett.

Anders ausgedrückt: Das erwachende Kind wird begrüßt und gestärkt durch die Mahlzeit, aber am Ende seiner Wachphase, seiner kleinen Exkursion, wäre ein erneutes Anlegen eine *Barriere auf dem Rückzug zu sich selbst.* Es könnte nicht lernen, den Ruhepol in sich selbst zu finden, wir würden seine Selbstregulation behindern. Nur bei den Nachtmahlzeiten in den ersten Lebenswochen können wir auf den Austausch während und nach dem Stillen weitgehend verzichten zugunsten des verdienten Schlafs!

Tagsüber wird das Baby bald um so mehr Lust kriegen, seinen Horizont zu erweitern *(vergl. Abb. 2: essen, Ge-*

meinschaft, Erkundung). Vorausgesetzt, es beherrscht die inneren Bereiche seines Karussells.

Hilfreich bei diesen Exkursionen sind klare Abgrenzungen zwischen den Zimmern: *Türschwellen*, die überschritten werden. Für die Brustmahlzeit heißt das: Wenn das Baby nicht mehr zügig trinkt, wird es fachgerecht abgenommen; wenn nötig, wird der Sog mit dem Finger am Mundwinkel des Babys aufgehoben. Der Mund wird abgewischt, die Brust wieder verpackt. Wir sind bei der Unterhaltung, beim Spiel oder bei Pflegemaßnahmen angelangt. Trinken darf das Baby erst wieder, wenn es ausgeruht und aufnahmefähig ist.

Machen Sie mit bei einem kurzen Ausflug ins Reich der Sprache? Denken Sie mal nach über das Wort *Stillen*:

Stillen bedeutet zunächst einmal, *jemanden zum Schweigen bringen*[20], in zweiter Linie erst *säugen*. Im Englischen, Französischen, Italienischen usw. gibt es das nicht: Die entsprechenden Wörter bedeuten *nähren, Milch geben*. Genauso ist es in den slawischen Sprachen, im Chinesischen und im Japanischen. Eigentümlich, daß nur im Deutschen beim Vorgang des Brustgebens das *Stillmachen* im Vordergrund steht, in anderen Sprachen dagegen das *Nähren, Stärken!*

Dennoch wird in den meisten Ländern das Trinken an der Brust von zahllosen Kindern als Einschlafhilfe benützt, noch häufiger (und länger!) die Flasche. Das Saugen wird zu einer Art gewohnheitsmäßiger *Rutschbahn in den Schlaf*, mit weitreichenden Folgen *(s. auch Kap. 5)*. Fast immer sind bei diesen Kindern, die sich gewohnheitsmäßig durch Nuckeln beruhigen, Selbstvertrauen und seelische Belastbarkeit erheblich beeinträchtigt:

Lina hat mit ihren drei Jahren keine Freude am gemeinsamen Spiel mit Gleichaltrigen. Auf dem Spielplatz hält sie sich abseits, immer muß die Mutter sie unterhalten. Wenn ein anderes Kind auf sie zugeht, versteckt sie sich oder setzt sich auf Mutters Schoß. Beim Kindergeburtstag muß

*sie immer den Ton angeben. Weil sie ständig unter höch-
ster Anspannung steht, gibt es bald Streit und Tränen. Bei
den Spielen muß sie immer gewinnen, sonst zieht sie sich
in die Schmollecke zurück. Die zweieinhalb Stunden sind
Streß für alle Beteiligten.*

*Endlich werden die Gäste abgeholt. Lina hängt auf
Mutters Arm, zusammen mit ihrem Schlafteddy. Sie sieht
abgekämpft aus. Übel ist ihr auch, das Essen konnte sie
überhaupt nicht genießen. Für die anderen hat sie keinen
Blick mehr übrig. Man verabschiedet sich: „Na ja, es war
sehr anstrengend für sie – vielleicht klappt es ja nächstes
Jahr besser!"*

Aus Linas Vorgeschichte noch einige Stichworte:
- Heißersehntes *Wunschkind* nach vielen Jahren uner-
  füllten Kinderwunschs, keine Geschwister,
- Geburt durch *Kaiserschnitt,*
- anfangs sogenannte *Drei-Monats-Koliken,*
- *Trinkschwäche.*

Weil sie auch später keinen rechten Appetit entwickelte, bekam sie immer, was sie wollte, damit sie der ziemlich
verzweifelten Mutter „überhaupt etwas abnahm", so die
Begründung.

Mit einem Jahr sah der Tag für Lina etwa so aus:
- 6 Uhr: Sie bekommt „ihr" Getreidemilchfläschchen
  ans Bett gebracht. So schläft sie nochmal zwei Stunden.
- 9 Uhr: Gemeinsamer Einkauf. Beim Bäcker kriegt sie
  meist eine Brezel oder etwas Süßes.
- 12.30 Uhr: Lina bekommt „ihr" Gläschen Gemüseallerlei. Immer von der gleichen Firma, dann besteht
  am ehesten die Chance, daß sie es auch ißt. Wenn
  nicht, bekommt sie einen Hirsebrei gekocht. Mittags-
  schlaf.
- 15.00 Uhr: Ausfahrt mit dem Buggy. Unterwegs gibt
  es ein Joghurt oder eine Milchschnitte. Auf dem
  Rückweg hält Lina meist noch ein kurzes Schläfchen.

- 18.00 Uhr: Lina wird gebadet.
- Gegen 19.00 Uhr: Gute-Nacht-Schokobrei. Danach etwa einstündiges Einschlafritual. Teefläschchen.

Wegen ihrer häufigen Verdauungsstörungen war sie oft in der Sprechstunde, die Mutter fast immer mit auffallend sorgenvoller Miene. Als ich sie einmal direkt auf ihr ängstliches Wesen ansprach, stellte sich heraus, daß ihr durchaus bewußt war, wie sehr sie Lina beeinflußte: *„Ich habe immer Angst, daß sie etwas Ernstes hat oder daß ich etwas falsch mache!"*

Keine Frage, Lina wird sehr penibel umsorgt. Die Mutter gestattet sich keinerlei Bequemlichkeiten oder Erleichterungen. So gibt es keine einzige gemeinsame Mahlzeit. Statt dessen macht sie sich, während Lina schläft, einen kleinen Imbiß. Dafür hat sie immer etwas im Kühlfach.

„Für mein Kind tu ich alles!" – und erst später etwas für mich? Wenn jeder für sich ißt, sollten wir uns nicht wundern, wenn nachher *jeder für sich* ist!

Das kann nicht das Ziel sein, machen wir es also anders:

Der einjährige Florian erzählt beim Erwachen noch etwas vor sich hin. Vielleicht freut er sich über die ersten Sonnenstrahlen oder hört die Vögel zwitschern. Dann wird er deutlicher und ruft seine Mama. Große Begrüßung. In der Küche steht noch kalter Tee vom Abend: Der ist jetzt gerade recht für beide.

Während Mutter das Frühstück richtet – mal Brot mit etwas Quark, dazu Früchtetee oder Apfelmüsli: Es gibt immer etwas Abwechslung! – und der Teekessel auf dem Herd steht, übt Florian noch einmal, was er gerade gestern gelernt hat: Sich am Tischbein hochziehen, einen Kochlöffel erbetteln und damit den Hocker bearbeiten!

Das gemeinsame Frühstücken macht immer viel Spaß. Ohne viele Worte verstehen sich die beiden prächtig: Was soll auf das Brothäppchen drauf? Noch ein wenig Quark? Und ganz obendrauf ein Fitzelchen Tomate?

Beim Abräumen ist Florian wieder dabei. Nachher, im

Bad, werden seine sechs blanken Zähnchen selbstverständlich aus Gesellschaft mitgeputzt.

Klar, daß auch die anderen Mahlzeiten ähnlich ablaufen: Während der Vorbereitungen übt Florian geduldig zu sein und sich selbst zu beschäftigen, denn durch Drängeln geht es auch nicht schneller. Beim Essen herrscht immer beste Laune, und wenn Florian als erster fertig ist, darf er schon einmal versuchen, die Serviette in den Brotkorb zu legen, damit Mutter noch in Ruhe fertig essen kann.

Zweimal in der Woche findet das Mittagessen zu viert statt: Eine Freundin kommt mit ihrem Kind zu Besuch. Das Kochen geht leichter und macht für mehr Leute auch noch mehr Spaß. Und an zwei anderen Tagen sind die Gäste die Gastgeber!

Die *Linas* und ihre Mütter erkennen Sie übrigens schon von weitem: Im Gegensatz zu den Florians und deren Müttern haben sie *unterwegs immer etwas zum Trinken und zum Essen griffbereit*, selbst wenn sie nur für eine Stunde oder sogar viel kürzer die Wohnung verlassen. Es könnte einen ja plötzlich ein unstillbares Verlangen überfallen...

Florians und aller Kinder Ziel ist es, *sich zugehörig zu fühlen*: zu *spüren, ich bin dabei*, aufgehoben im sicheren *Wir; mitzumachen* als kompetenter, geschätzter Teilnehmer der Gemeinschaft; sich auszutauschen mit den anderen. Voraussetzung ist natürlich, daß es eine Gemeinschaft überhaupt gibt, bei der mitzumachen auch *attraktiv* erscheint für den Neuankömmling! Wie man sieht, gelingt das auch Alleinerziehenden, sofern sie auch *für sich selbst* eine angenehme Atmosphäre schätzen und Gemeinschaft suchen.

Vielleicht ist es tatsächlich eine Grundsatzfrage, welche innere Haltung wir einnehmen, entweder nach dem Muster: *Für dich, mein Kind, tue ich alles!* (Klingt das nicht ziemlich nach Opferhaltung?), oder *eher: Es ist schön und macht Spaß, deine Mutter / dein Vater zu sein!* Die Entscheidung sollte eigentlich nicht schwerfallen!

Im Klartext: Gestalten wir unsere Gemeinschaft so, daß es *uns selber Spaß* macht, ihr anzugehören! Damit uns der Spaß nicht vergeht, müssen *Spielregeln* aufgestellt und eingehalten werden. *Regelmäßigkeit im Tageslauf* und eine Straffung der Organisation, vor allem der *gemeinsamen Mahlzeiten, erleichtern das Leben:* Ein berechtigtes Interesse! Zwei Hauptmahlzeiten gegen den großen Hunger und zwei oder drei kleinere Mahlzeiten zu ungefähr festen Zeiten reichen!

Selbstverständlich sind die gemeinsamen Mahlzeiten nur *Gelegenheiten* mitzuessen; *alle dürfen, niemand muß!* Nur *Dabeisein* ist wichtig. Der Wasser- oder Teebecher ist immer voll, aber bevor etwas auf den Teller kommt, schauen wir das Kind an: *Magst du mitessen?*

Und bitte: Setzen Sie sich immer auch selbst an den Tisch, essen Sie wenigstens eine Kleinigkeit in Gesellschaft! Nichts fördert die Hilfsbereitschaft und die Verantwortlichkeit für einander mehr als die Regel, *nur in Gemeinschaft zu essen!* Außerdem hilft sie, Eßstörungen zu verhindern.

Das Wort *Mahl* bedeutet übrigens ursprünglich *Zeitpunkt, Maß, Gelegenheit* und eben *Mahlzeit*[21]!

Vermeidung von Beliebigkeit und Maß-losigkeit[22] bedeutet mehr Übersicht, und dadurch lernen Kinder wie von allein, *sich auszukennen im Tageslauf,* z. B. wann der Tag sich neigt und Schluß ist für heute *(Kap. 2)!*

Im Kindergartenalter wird es dann noch wichtiger, eine *Mahl-Zeit* zu haben. Das hilft, die Zeit zu *überblicken,* einen Sinn für ihr *Maß* zu entwickeln, sie zu nutzen *(s. Kap. 8).*

Zusammengefaßt:
Ein Kind sehnt sich danach, *teilzuhaben.* Es ist glücklich, wenn es fühlt: Ich gehöre zu euch dazu! Das muß vor allem bei der Gestaltung der *Mahlzeiten* beachtet werden, weil sie für ein Kind eine zentrale Rolle im Tagesgeschehen spielen!

Angenehme *Nebeneffekte*, aber keineswegs unwichtige, werden sein: Fast alles wird durch dieses Konzept einfacher, leichter, oft deutlich billiger. Probieren Sie's aus, mit klarem Konzept, denn *ohne Tages-Fahrplan geht nichts!*

Um unserem Baby den Weg zur Tischgemeinschaft nicht zu verbauen, sollten wir wissen: Mahlzeiten dienen von Anfang an *nicht der Beruhigung*, sondern der *Sättigung, Stärkung, Kommunikation*. Schon der *Stilldialog* kann oft in einen lebhaften Austausch einmünden. *Stillen ist stärken, trinken ist Kraft schöpfen*, um mit wachen Sinnen das Zusammensein *erleben und genießen* zu lernen!

Reichlicher Gebrauch von *Schnuller und Flasche sind Hemmnisse* auf dem Weg zur Teilnahme am gemeinsamen Essen. Sie lähmen, je länger sie gewährt werden, um so mehr die Sozialentwicklung und die Sprachbereitschaft des Kindes, generell seine Initiative und Kommunikationsfähigkeit. Beseitigen wir diese *Halt-den-Mund-Angebote* rechtzeitig, die Flasche spätestens am ersten Geburtstag!

Die Teilnahme am Familientisch macht das Kind *robuster*, körperlich und seelisch: Die *Ich-Stärke*, die Stellung innerhalb der Gemeinschaft, wird erheblich unterstützt.

Das *Familienklima* bleibt oder wird wieder heiter, und die Mühe des Kochens macht mit einem weiteren Kostgänger doch um so mehr Freude! Gönnen Sie sich das!

„Für mein Kind tu ich alles!" klingt lobenswert, ist aber als ständig aufopfernde Grundhaltung ein Hemmnis auf dem Weg zur Gemeinschaft. Schon beim Stillen sollte man es sich *so bequem wie möglich* machen. Erst recht gilt für den Aufbau der Folgekost: Wer stets sein Kind bedient und erst später oder gar nicht an das eigene Wohl denkt, wird erleben, daß jeder *für sich* bleibt, wenn jeder für sich ißt. Außerdem führt das *„Bekochen"* nach

Wunsch oft zu grotesk einseitigen Marotten im Eßverhalten! Das passiert uns nicht, wenn wir die Regie nicht
aus der Hand geben.

Auch das *Einkaufen*, die *Vorbereitung* des Essens sind
hervorragende Gelegenheiten, Interesse zu wecken am
gemeinschaftlichen Sorgen für einander, als Voraussetzung für Freude am Essen miteinander. All diese Vorgänge sind für ein Kleinkind interessant und abwechs-
lungsreich. Wie von selbst lernt es *Handlungsabläufe*
zu durchschauen, die sinnvolle Reihenfolge der Teil-
schritte zu überblicken, und immer wieder: *Geduld!*

*Du hast so viel zu tun! Laß mich dabeisein, wo im-
mer das geht! Laß es mich erleben und ein bißchen mit-
tun! Das macht Spaß – dir doch auch! Tu, was du tust:
Ich will mich dir anschließen!*

5.
Keine Grenzen – öfter krank!

Ginos Fallgeschichte kennen Sie schon aus dem vorigen Kapitel. Seine rasante Gewichtszunahme bei scheinbarer Trinkunlust, sein Erbrechen aufgrund des Magenrefluxes, der Mundpilz und die chronische Unruhe sind in dieser Kombination typische Anzeichen, daß etwas Grundlegendes nicht stimmt. Daher gelang es ja auch schon nach kurzer Zeit, durch wenige, an der Ursache ansetzende Änderungen alle Symptome zum Verschwinden zu bringen.

Im Gegensatz zu den übrigen, mehr die *seelische Entwicklung* betreffenden Kapiteln stehen hier ganz die *körperlichen Störungen der Gesundheit* im Mittelpunkt, wie sie auftreten können, wenn ein Baby nicht genügend Halt erfährt. Gino ist ein Beispiel dafür. Neben *Spätfolgen* gibt es eine Reihe von verdächtigen *Frühzeichen:*

- Mundpilz, trotz Behandlung wiederkehrend,
- ständig verstopfte Nase, röchelnde Atmung,
- auffallend dicker, geblähter Bauch, evtl. Koliken,
- auffallend häufige Unruhe, Schreiattacken,
- lang anhaltender Schluckauf,
- Erbrechen, Spucken, saures Aufstoßen,
- Nabelbruch durch Überdehnung der Bauchdecke,
- grünlich-schaumige, säuerlich-aggressive Stühle,
- auffallend schnelle Gewichtszunahme.

Wenn man nachfragt, wie lange denn eine „Runde" insgesamt dauert – Mahlzeit, Wickeln, Anziehen, sonstiges Beschäftigtsein –, wird ein *ungewöhnlicher Zeitaufwand* deutlich. Fast immer macht das Baby ziemlich lange Pausen, schläft zwischendurch oder döst, darf bei Unruhe („Hunger") nochmal trinken usw. *(s. Kap. 4)*. Im Gegensatz zu der angeblichen Trinkunlust oder -schwäche gedeiht das Baby meist sehr gut, zumindest anfangs.

Das *Trinkschlafen oder „Trinkdusseln"*, der Nuckelschlaf an Brust oder Flasche, hat Auswirkungen:

- Das *Wachstum von Hefepilzen* in der Mundhöhle wird enorm begünstigt (das *Übertragen* dagegen ist unvermeidlich, denn der Erreger ist weit verbreitet).
- Durch Nährstoffanreicherung *("Überdüngung")* und pH-Verschiebung in den sauren Bereich (Milch wird sauer!) verändert sich die Rachenflora qualitativ und vor allem quantitativ, steigt mit der Atemluft in Nasenrachen und Nase. Die Schleimhaut schwillt an *("Milchschnupfen")*, das Baby kriegt schlecht Luft, niest manchmal grünliche Popel, die käsig riechen.
- Auf ähnliche Weise, durch sogenannte Mikroaspiration, kann eine Bronchitis entstehen.
- Das *Röcheln* wird oft über Nacht stärker, gibt Anlaß zu Besorgnis (mit Recht!) und meist wenig geeigneten Gegenmaßnahmen (z. B. Einträufeln von Muttermilch in die Nase!). Mutter und Kind schlafen schlecht, bei Unruhe wird erneut angelegt: Wieder ein Teufelskreis!
- Die zeitliche *Dauer* einer Stillmahlzeit ist es, die bei der *Mutter aufgequollene, schrundige Brustwarzen, Milchstau und Brustdrüsenentzündungen* begünstigen kann. Ursache ist das ungenügende Ausmelken der Milchkanälchen, wenn der Säugling keine intensiven Bewegungen mehr mit dem Unterkiefer macht, durch fortgesetztes Nuckeln aber weiterhin einen Sog auf die Brustwarze ausübt und sie feucht und warm hält.
- Ein schläfriges Baby trinkt oft *mehr, als ihm guttut:* In einen schlaffen Sack paßt mehr hinein! Das Zwerchfell wird nach oben gedrängt (Schluckauf!) und kann über dem prall vollen Magen nicht zur Speiseröhre hin ab-

dichten: Es kommt zum *Reflux* (Rückfluß) mit Sodbrennen, Spucken, Schwallerbrechen. Dadurch verschlimmern sich die Luftwegsprobleme noch.

- Häufig sind Mittelohrentzündungen: Zu den nachteiligen Schleimhautveränderungen kommt beim Refluxbaby noch hinzu, daß der Mageninhalt über den Rachen nachweisbar bis in die Paukenhöhlen gelangt[23].

- Zum Mengenproblem kommt das noch wichtigere *Zeitproblem:* Zieht sich die Mahlzeit zulange hin, kommt es zu erheblicher *Verzögerung* der Magenentleerung, zu *Blähungen und Bauchkrämpfen.*

Das letzte muß ich wohl erklären: Ein Brustkind trinkt den Großteil der Mahlzeit innerhalb weniger Minuten. Die Milch wird von einem gesunden Magen rasch *gesäuert*, das Eiweiß wird gefällt und der Milchzucker größtenteils vergoren. Schon nach zehn bis fünfzehn Minuten kann der Magen „schluckweise" mit der Entleerung beginnen.

Das kann er *nicht*, wenn der *Säuerungsprozeß gestört* wird durch wiederholte, erneute Zufuhr von oben! Läßt er auch nur kleine Mengen dieses Gemischs aus „Frischkäse" und *unvergorener Milch* passieren, kommt es im oberen Dünndarm zu schmerzhaften Verdauungsstörungen und Blähungen, und durch fein abgestimmte Gegenregulation *drosselt der Magenpförtner die Entleerung stark herunter.*

Wie bei der Käseherstellung dürfte eben nach Beginn des Fällungsprozesses keine Milch mehr hinzugefügt werden!

Das zum *„Kleckertrinken"* verführte Baby ist nun in einer äußerst mißlichen Lage:

- Es ist *erschöpft* von der Arbeit des langen Trinkens.
- Eigentlich hat es *immer noch Hunger:* Die Nährstoffe sind ja auf dem Weg in den Organismus unterwegs liegengeblieben!
- Im Darm rumort es und kneifen *Krämpfe*,
- und *speiübel* ist ihm auch: Der Magen ist prallvoll mit Schwerverdaulichem: mißglückte Käseherstellung!

* *Schlafen geht auch nicht* in diesem Zustand, bestenfalls kurz einnicken. Scheußlich!

Keine Frage: Das Problem des unruhigen, speienden *Refluxbabys* hängt u. a. mit der *Sicherheit und Erfahrung* der Mutter oder Betreuungsperson zusammen. Anders ist es kaum zu erklären, daß dieses Krankheitsbild in bestimmten, hervorragend geführten Kinderheimen unbekannt ist: Unter Tausenden von Kindern wurde es nicht beobachtet[24]!

Wie also gewinnen wir *Sicherheit?* Indem wir die Erfahrungen vieler anderer nützen und unserem Kind eine so verzweifelt scheußliche Lage ersparen! Daraus ergibt sich ein

---

Fünfter Merksatz: **Hilf mir, gesund zu bleiben!**

Die geschilderten Probleme haben die Bedeutung von *Frühsymptomen:* Sie sind oft der Anlaß zur Vorstellung in der Praxis und geben uns die Möglichkeit, entsprechend früh gegenzusteuern und *Schlimmerem vorzubeugen.*

Wie sehen nun die schon erwähnten *späteren Folgen* aus? Besonders ausgeprägt finden wir sie, wenn ein altersgerechter *Aufbau der Folgekost (s. Kap. 6) unterbleibt:*

* Fortgesetzte *Verschleimung* und *abnorme Rachenflora,*
* zunehmender *Lymphstau:* Unter Saugbedingungen wird die Lymphe in ihren Bahnen weit weniger bewegt als unter der Druckmassage des ganzen Mundbereichs beim Kauen.
* *vermehrte Infektanfälligkeit:* Bronchitis, oft mit Obstruktion (Verengung), Mittelohrentzündungen u. a.
* Mandel- und Rachenmandelvergrößerung,
* Karies und Zahnfleischerkrankungen, Mundschleimhautentzündung (Stomatitis), kieferorthopädische Probleme,

- *Faserstoffmangel*, dadurch gestörte Darmflora und unzureichende Darmarbeit, dadurch
- *Appetitmangel*, Neigung zu Verstopfung, aber auch
- Anfälligkeit gegenüber Durchfallerkrankungen.

Jeder Mensch fühlt sich gestört, wenn er im Rachen noch Nahrungsreste, ein Haar oder Schleim wie etwa bei einer Erkältung spürt. Es ärgert ihn, er kann nicht schlafen, muß sich noch einmal räuspern. Es läßt ihn nicht ruhen!

Ganz anders das beim Trinken einschlafende Baby: Die Gewohnheit, mit Flüssigkeit im Rachen einzuschlafen, führt logischerweise dazu, daß das Kind sich gerade *nicht gestört* fühlt durch diese *Bedrohung seiner Atemwege!* Es trainiert sich sozusagen einen *lebenswichtigen Reflex* ab, zumindest wird dessen *Präsenzniveau* stark abgeschwächt. Kann es denn *egal* sein, auf eine solche Alarmfunktion zu verzichten?

Bodo, neun Monate, wird mir erstmals vorgestellt, weil er seit Wochen unter Bronchitis leidet. Er hat kein Fieber, sieht auch recht gesund aus, schnauft aber wie ein Akkordarbeiter. Die Familie ist hier zu Gast. Die bisherige Behandlung besteht in einer Vielzahl von Medikamenten, die in einer Plastiktüte mitgebracht wurden.

Befund: Brodelnde Atmung, Mund- und Rachenschleimhaut gereizt und gedunsen, Nasenatmung erschwert, Gewicht mit 10,5 kg reichlich.

Nach einer Inhalation und anschließendem Abklopfen kriegt Bodo einen respektablen Hustenanfall. Danach geht es ihm deutlich besser.

In den nächsten Tagen kommt „Brodler-Bodo", wie ihn die Mutter schon nennt, zweimal täglich zum Inhalieren und Abklopfen. Meine Empfehlungen – altersgemäße Ernährung, Schlafsituation – hat sie auch schon erfolgreich umgesetzt.

Vier Wochen später kommt eine Postkarte: „...und uns geht's prächtig!"

Ein ganz anderes Problem kann beim *Schlafen in Bauchlage* auftreten: Wird ein wenige Monate altes, schläfriges Baby auf seinen prallen Bauch gelegt, dann nimmt der Druck im Bauch noch zu und drückt das Zwerchfell nach oben. Die Atmung wird flach und mühsam, die Refluxgefahr steigt, denn das gespannte Zwerchfell kann den Mageneingang nicht fest genug umschließen. Das gestreßte Baby kommt im Schlaf ins Schwitzen!

Völlig unmöglich sind ihm tiefe Atemzüge; die wären nötig, um wirksam abzuhusten. Das Baby muß sich also auch das *Abhusten regelrecht abtrainieren*, muß wegen der Refluxgefahr lernen, vorsichtig zu atmen. Auch nach sogenannten *Atempausen*, wie sie im Tiefschlaf auftreten können, unterbleiben die als Ausgleich nötigen, besonders tiefen Atemzüge: Die *Varianz der Atemmechanik wird stark eingeschränkt*. Kann das gut sein?

Ich denke, künftige Forschung muß der Frage nachgehen, ob hier Zusammenhänge zum sogenannten *plötzlichen Kindstod* bestehen. Immerhin gilt auffälliges Schwitzen im Schlaf als Hinweis auf eine entsprechende Gefährdung, ebenso wie das Schlafen in Bauchlage.

Was auch immer in den nächsten Jahren dabei herauskommen mag: Niemand sollte uns daran hindern, schon jetzt nach den Regeln der Plausibilität und des gesunden Menschenverstandes zu handeln! Ein mir bekannter Leiter einer Kinderklinik[25] entläßt jedenfalls fristlos jede Krankenpflegeschülerin, die einen Säugling durch das verbotene *Flasche-Stecken* ruhigstellt, indem er, im Bettchen liegend, die Saugflasche in den Mund kriegt, unterstützt durch eine Handtuchrolle o. ä., um ihn alleinlassen zu können.

Weniger spekulativ sind *andere Spätfolgen des ungenügenden Abgrenzens* zwischen Essen, Spielen, Schlafen usw.: Kinder mit unzureichender Orientierungsvorgabe strukturieren ihr Lernen nicht, es fehlt ihnen an Handlungsstrategien, Urteilsvermögen und sozialer Kompetenz. Dies trägt bei zu *Störungen der psychomotorischen und sozialen Entwicklung:*

- Beeinträchtigung von Qualität und Sicherheit der Körperbeherrschung, dadurch erhöhte Gefahr von
- Verletzungen, Unfällen, von Erstickung durch Kehldeckelkrampf oder Aspiration (Luftröhren-Fremdkörper), wenn z. B. im Laufen gegessen oder beim Essen herumgehampelt wird,
- Wahrnehmungs- und Sprachentwicklungsstörungen,
- sensorische Integrationsstörung,
- Zappelphilipp-Syndrom[26],
- erschwerte Integration im Kindergarten,
- Eßstörungen, Suchtprobleme[27],
- Störung des Selbstwertgefühls,
- Einbuße an praktischer Intelligenz, Schulschwierigkeiten.

Möglich ist auch eine Gefährdung der Eltern-Kind- und der Eltern-Paarbeziehung mit Rückwirkungen auf das Kind.

Einigen dieser Problemkreise sind wir ja bereits begegnet *(Kap. 2, 3 und 4)*. Eine ausführliche Darstellung würde allerdings ein eigenes Buch füllen!

Liebe Leserin, lieber Leser, wir haben uns zuletzt mit einigen Schattenseiten befaßt, durch die sich so manches Kind hindurchkämpfen muß. Ich versichere Ihnen jedoch: *Kinder sind beinahe unverwüstlich.* Fast alles läßt sich wieder in die Reihe bringen, manches biegt sich sogar von alleine gerade. Kinder *verzeihen uns Eltern unglaublich viele Fehler.* Aber wir können es ihnen und uns erleichtern, wenn wir einige davon abzustellen versuchen, und dazu ist es *selten zu spät!*

6.

Loslassen – sich selbst finden –
Ich-Stärke erwerben

Der zehn Monate alte Boris leidet schwer, jedenfalls nach Überzeugung der Eltern. Seit einigen Wochen ist er irgendwie unruhig, ißt und trinkt schlechter als früher, wacht jede Nacht wieder mehrmals auf, obwohl er schon zuverlässig durchgeschlafen hat. Alleinbleiben mag er gar nicht mehr, ständig muß er auf den Arm. Beim Versuch, ihn in sein Bettchen zu legen, schreit er sofort los. Die Eltern vermuten Ohren- oder Zahnschmerzen, vielleicht auch Bauchweh. Das Zahnungsgel vom Apotheker hilft aber ebenso wenig wie die Schmerzzäpfchen von der Nachbarin. Am Tag ist es nicht besser, ständig muß er herumgetragen werden.

Die gründliche Untersuchung des sich kräftig wehrenden Jungen ergibt keinerlei Auffälligkeiten. Was tun?

Noch während der Erörterung der Situation liefert Boris selbst sozusagen das Stichwort: Auf dem Arm der Mutter gibt er plötzlich einen ärgerlichen, gepreßten Laut von sich, überstreckt sich gleichzeitig und tritt ihr in den Bauch, so daß er ihr fast vom Arm fällt. Sofort beginnen die Eltern mit Beruhigungsversuchen, die Mutter wiegt und küßt den plärrenden Sohn, der Vater rasselt mit dem Schlüsselbund und versucht, Boris den Schnuller wieder in den Mund zu schieben.

Ruhiger wird er aber erst, als er, immer noch in den Armen der ihn wiegenden Mutter, vom Vater zusätzlich die Teeflasche gereicht bekommt. Jetzt kann er sich entspannt an Mutters Hals anschmiegen, dabei ein wenig mit Ihrer Perlenkette spielen. Ihre Wiegeschritte sind ziemlich raumgreifend, daher ist es für den Vater keine leichte

Übung, die Teeflasche immer genau richtig an der Schulter seiner Frau zu plazieren, damit der Sohn ja nicht das Trinken unterbrechen muß.

Für mich als Zuschauer wird klar: Das Manöver der Eltern ist Boris vertraut, folgerichtig kann er sich beruhigen. Und die Eltern scheinen große Übung darin zu haben!

In den nächsten Wochen haben wir zwei oder drei Gespräche. Schwierig zunächst für beide Seiten, zuletzt aber mit gutem Ergebnis. Fassen wir es in Stichworten zusammen:

- Boris erweckt den Eindruck, *"schubweise"* zu leiden.
- Objektiv ist aber *nichts zu finden*.
- Vor allem das *Alleinsein*, selbst nur für wenige Augenblicke, löst bei ihm *ängstliche Unruhe* aus.
- Die Eltern lassen ihn daher keine Sekunde mehr allein.
- In ihrer *Hilfsbereitschaft* haben sie immer neue Möglichkeiten gefunden, Boris zu beruhigen.
- Diese *Beruhigungsangebote* scheinen sich aber rasch abzunutzen, jedenfalls helfen sie nicht mehr so recht.
- Daher wurden die Beruhigungsangebote zuletzt mehr und mehr miteinander *kombiniert*.
- Daraus entwickelten sich wie von selbst feste Kombinationen: *Fixe Bedürfnisverknüpfungen*. Und jetzt geht nichts mehr ohne das andere.

Es kommt nun in unseren Gesprächen zunächst darauf an zu verstehen, daß jedes einzelne Bedürfnis durchaus legitim ist. Es geht nicht darum, Boris irgend etwas davon streitig machen zu wollen. Problematisch ist ja die Situation erst dadurch geworden, daß

- er im Laufe der Zeit *immer mehr* forderte und sich damit auch durchsetzte,
- er jetzt auf dieses Durchsetzen *angewiesen* zu sein scheint,

- ihn das *Verweigern* von Wünschen völlig aus dem Häuschen bringt und
- vor allem die fatalen *Verknüpfungen* sich als nicht mehr erfüllbar erweisen.

Dieses Phänomen der *Bedürfnisverknüpfungen* ist sehr verbreitet. Zahllose Kinder sind nicht in der Lage,

- zu *essen* ohne ständige Ermunterung oder Zuwendung,
- zu *spielen* ohne bewundernde Blicke und Kommentare,
- *Neues zu erleben* ohne ständige Begleitung,
- *auszugehen* ohne die „Tröster",
- *sich zu entspannen* ohne intensiven Körperkontakt,
- *einzuschlafen*, ohne dabei zu trinken usw.

Richtig schwierig wird es, wenn jetzt immer noch keine Grenze gesetzt wird und die *Bedürfnis-Paare* noch untereinander verknüpft, sozusagen *vernetzt* werden! Boris konnte sich erst wieder beruhigen, als er nicht nur auf Mutters Arm sein durfte, sondern dort auch intensiv gewiegt wurde, an ihrer Halskette herumnesteln konnte und obendrein noch vom Vater die Teeflasche gehalten bekam!

Frau S. berichtet über ihre fast zwei Jahre alte Tochter Lisa, sie könne nur einschlafen, wenn sie sich zu ihr lege und eine bestimmte Melodie summe. Dazu müsse sie ihr Teefläschchen – mit einem Schuß Apfelsaft geschmacklich aufgewertet – und ihr „Schmusetüchle" haben, anders sei an Schlaf nicht zu denken.

Das sei aber noch nicht alles, fährt Frau S. stockend fort: Lisa bestehe darauf, mit der einen Hand Mutters Ohrläppchen kneten zu dürfen, während sie den Zeigefinger der andern Hand in ihr – d. h. in Mutters! – Nasenloch lege.

Erst ein paar Monate später, nach erfolgreicher Behandlung der Schlafstörung, findet Frau S. in ihren eigenen Worten „den Mut zu gestehen", daß sie sich schon wegen heftigem Nasenbluten fachärztlich hat behandeln lassen

*müssen. Auch ihren Beruf teilte sie mir erst jetzt mit: Ver-
haltenstherapeutin!*

Um Mißverständnissen vorzubeugen: Wer sich *professionell* mit Kindern, Pädagogik oder Psychogie befaßt, hat es
beim eigenen Kind oft nicht leicht in erzieherischen Dingen. Eher scheint sich das Fachwissen hier als Bürde zu erweisen, als daß es hilfreich wäre, wenn sich zu Hause Probleme einstellen. Ich beziehe mich selbst, lassen Sie mich
das betonen, bei dieser Beobachtung durchaus mit ein!

Vielleicht ist dies die Erklärung: *Fachwissen* bedeutet
einerseits mehr Kenntnis, mehr Bewußtheit, andererseits
weniger Spontaneität, vielleicht weniger Authentizität.
Aus dem gleichen Grund schützt auch das Lesen möglichst
vieler Bücher und Zeitschriften zum Thema keineswegs
vor gewissen Torheiten!

Boris und Lisa sind Beispiele dafür, daß manche Eltern
es ihren Kindern allzu sehr „rechtmachen" wollen, ihre
eigenen Interessen dabei vernachlässigen bis zur *Selbstverleugnung* und schließlich schmerzlich erkennen müssen,
daß nicht einmal das Kind einen Nutzen aus dieser Haltung zieht.

Die Rituale, in denen sich die Zuwendung dem Kind
gegenüber abspielt, sind erstarrt, stellen sozusagen „Liebesbeweise" dar, während das *Lebendige, in jedem Augenblick neu Entstehende,* eben die Herzensliebe, keine Luft
mehr bekommt. Die Folge: Das Kind reagiert aufs tiefste
verunsichert, und den Eltern geht es nicht anders.

Um diese *Luft in der Beziehung* geht es, wenn sie atmen
und lebendig bleiben soll. Daher ergibt sich als

Sechster Merksatz:
Wir sollten uns auch loslassen können!

Sie haben sicher bemerkt, daß wir das Loslassen schon einmal in *Kapitel 3* näher betrachtet haben.

Dort war vom *Freiraum des Kindes* die Rede als Voraussetzung dafür, daß es seine Fähigkeiten und vor allem sein Selbstvertrauen entfalten kann. Hier geht es mehr um den *Spielraum, den wir selbst benötigen,* damit unsere Selbstachtung und unsere Liebesfähigkeit nicht Schaden nehmen, sondern sich täglich neu regenerieren. Nur so können wir trotz der Beanspruchung immer wieder ausgeglichen und guter Laune sein. Freilich sind beide Aspekte nur zwei Seiten ein und derselben Medaille.

Zurück zum Praktischen: Wie verschaffen wir uns denn ganz konkret diesen *Spielraum,* der uns vor einer einschnürenden Beziehung zu unserem Kind bewahrt?

Eigentlich müssen wir dazu nur ein wenig umsichtig auf jeder Entwicklungsstufe sein:

- Wir achten schon im Wochenbett auf ausreichend lange *Ruhepausen* zwischen den Mahlzeiten und nützen sie auch zum Ausruhen!
- Wir machen das Baby *nicht unnötig von uns abhängig,* z. B. durch ständiges Saugenlassen an unserem Finger, durch Nuckelschlaf an der Brust usw.
- Wir versuchen bald zu *unterscheiden* zwischen wirklichem Hunger und anderem Unwohlsein, z. B. Müdigkeitsquengeln, Verlangen nach Bewegung, und spannen in diesen Fällen den Partner o. a. Personen ein!
- Die sogenannten *Übergangsobjekte (s. unten)* setzen wir *sachgerecht* ein.
- Wir vermeiden die verflixten *Bedürfnisverknüpfungen!*
- Wir ermöglichen dem Baby spätestens mit fünf Monaten die *Eigenkontrolle über seinen Schlaf (s. S. 105).*

Was hat es mit den *Übergangsobjekten* auf sich? Was ist das überhaupt?

Die anfangs vollständige Verbundenheit des neugeborenen Babys mit der Mutter lockert sich ja schrittweise. Die Geburt und die Durchtrennung der Nabelschnur sind nur die ersten Schritte, und viele weitere folgen. Dieser *Ablö-*

seprozeß ist oft für beide Seiten schmerzlich, aber unumgänglich, wenn das Ziel des Erwachsenwerdens nicht verfehlt werden soll.

In den ersten Monaten kann es nun sehr erleichternd sein, wenn das Baby z. B. ein *Stoffpüppchen* in die Wiege gelegt bekommt, zum Ersatz dafür, daß die Mutter sich nicht mit hineinlegen kann. Sie hat ja auch noch anderes zu tun, und nicht zuletzt braucht sie auch Zeit für sich selbst! Das Baby wird sich in aller Regel rasch daran gewöhnen, es wird sogar das Püppchen vermissen, wenn es einmal fehlen sollte.

Andere Babys haben einen *Schnuller:* Die zweitbeste Lösung! Vielleicht sollte man versuchen, ohne ihn auszukommen, man würde sich und dem Baby einiges ersparen. Prinzipienreiterei lohnt sich aber nicht, akzeptieren wir ihn also vorläufig wie andere notwendige Übel.

Was ist denn dann so falsch an den Übergangsobjekten? Gar nichts, aber die *Art des Gebrauchs* kann zum Problem werden:

Der geliebte Gegenstand sollte die *Mutter ersetzen*, wenn sie tatsächlich nicht verfügbar ist. Demnach ist der Gegenstand *überflüssig*, wenn wir uns gerade selber mit unserem Baby beschäftigen, denn dann wollen wir doch ganz Auge, ganz Ohr für einander sein. Ein Lückenbüßer würde dabei doch nur stören und ablenken! *Also: Entweder Ersatz oder Original, nie beides zugleich!*

Ganz schwierig wird es, wenn diese Objekte, vielleicht sogar in der Mehrzahl, ständig mitgenommen werden und zu *steten Begleitern* bei Krabbeltouren, beim Spiel, bei Ausfahrten und Besuchen werden: Allein die Bezeichnungen *„Beruhigungs*schnuller", *„Beruhigungs*sauger", *„Beruhigungs*tee" sollten uns doch sehr zu denken geben! Müssen unsere Säuglinge denn wirklich ständig Beruhigungsmittel kriegen? Obendrein nützen sie bei inflationärem Gebrauch immer weniger: *Wirkungsverlust* ist das Resultat. Die Folge sind oft hippelige, kribbelige Kinder, die meistens auch noch Schlafstörungen haben.

Nichts einzuwenden ist dagegen, wenn das Püppchen (der Schnuller o. ä.) dann eingesetzt wird, wenn das Baby tatsächlich schlafen möchte, aber nicht auf Anhieb hineinfindet in den Schlaf: Es ist sogar sehr empfehlenswert, wenn das *Püppchen die Funktion des Sandmännchens* hat; d.h., es liegt immer im Bettchen und wartet, bis es dort gebraucht wird. So wird es zu einer gut plazierten, vertrauten Wegmarke *(s. Kap. 2)*, die der Orientierung dient.

Bei Beachtung dieser einfachen Regeln werden sich kaum Schwierigkeiten ergeben können: Jedes Baby wird – auf eigenen Wunsch! – mehrere Male täglich aus dem Bettchen geholt. Achten wir einfach darauf, daß das Schlafpüppchen an seinem Platz bleibt, wo es im Bedarfsfall ja jederzeit wieder aufgesucht werden kann!

So eingesetzt, können die Übergangsobjekte eine gute Hilfe sein, um das Loslassen zu erleichtern.

Und wenn das Übergangsobjekt das *Däumchen* ist? Dann regelt sich's eigentlich noch einfacher: Wandert der Daumen in den Mund, sollten wir umgehend den Schluß ziehen, *hier ist aber jemand zum Umfallen müde* und gehört daher unverzüglich ins Bett. Ist der Jemand anderer Meinung, kann er ja gerne wieder aufstehen! Kinder merken sich schnell, aus welcher ihrer Verhaltensweisen wir ihr Müdewerden ablesen!

Je nach Situation und Tageszeit gibt es natürlich auch andere Möglichkeiten, dem Daumenlutscher dabei zu helfen, zu einem „vernünftigen" Gebrauch seines Übergangsobjektes zu kommen, damit es kein Laster wird: Ein herumstehender, daumenlutschender Zweijähriger sucht eigentlich nur nach Ideen der Betätigung. Dem kann man abhelfen: Geben Sie ihm einen kleinen Auftrag, eine Anregung, oder lassen Sie ihn mitarbeiten, dann hat er zu tun *(s. Kap. 8)*!

Problematisch wird es immer dann, wenn wir *uns selbst* oder unsere Körperteile als Übergangsobjekte zur Verfügung stellen: Damit wird ja gerade der *Übergang* von der Sicherheit des Mutterschoßes zur *Selbst-Sicherheit vereitelt!*

Und mit dem Austausch von Zärtlichkeiten hat es schon gar nichts zu tun, wenn marottenhaft und monoton ein Ohrläppchen geknetet, das Haar um den Finger gedreht oder an der Halskette genestelt wird oder wenn ein Dreijähriger sich nur dann „stabilisieren" kann, wenn seine Hand im Ausschnitt der Mutter verschwinden darf. Geradezu alarmierend ist es, wenn Körperöffnungen der Mutter als „Ruhelager" benützt werden dürfen, wie es sich bei Lisa eingeschlichen hatte.

Ob Püppchen, Teddy, Schnuller oder Däumchen: *Geeignete* Übergangsobjekte gibt es sicher eine ganze Reihe, leider aber mindestens ebenso viele *absolut ungeeignete*. Bei den schon erwähnten Körperteilen muß ich noch ergänzen, daß auch der Arm, auf dem man zum Einschlafen großzügig umhergetragen wird, den Übergang zum Selbst erschweren kann. Den gleichen Haken hat auch das *Auto*, wenn es als fahrender Einschläferungsapparat benützt wird usw.

Ein weiteres darf hier nicht unerwähnt bleiben, weil es millionenfach schuld daran ist, daß Kinder in der Entfaltung ihrer Eigenkompetenz und Ich-Stärke unerträglich behindert werden: *Die Beruhigungsflasche.*

Lassen Sie mich das erklären: Die Saugflasche ist ein sinnvolles, in vielen Fällen notwendiges Hilfsmittel, wenn ein Baby nicht oder nicht ausreichend gestillt werden kann oder soll. Dagegen ist überhaupt nichts einzuwenden, auch nicht, wenn ein wenig Tee oder Wasser bei erhöhtem Flüssigkeitsbedarf oder zur Überbrückung einer Verdauungsstörung gegeben werden soll. Das Problem entsteht dann, wenn die *Flasche zur Ruhigstellung und Schlafförderung* eingesetzt wird. Wenn also Schreien, Weinen, Meckern, Ärgern oder angebliche Zahnungsbeschwerden regelmäßig mit der Flasche beantwortet werden oder wenn das Baby sich schläfrig trinken darf, vielleicht sogar sich wirklich in den Schlaf trinkt, dann ist ein Freilassen zur Selbstfindung nicht gewährleistet.

Ernährungswissenschaftler, zeitgemäße Lehrbücher, gute Ernährungsbroschüren, verantwortungsbewußte Hersteller sind sich darin einig: Die Flasche ist ein Hilfsmittel der Säuglingsernährung, sollte möglichst *nie mit gesüßten Getränken*, auch nicht mit Frucht- oder Gemüsesäften gereicht werden, nicht einmal bei starker Verdünnung mit Wasser! *Säfte* gibt man besser mit dem Löffel, am besten untergemischt im Gemüse oder anderem Brei.

Das Flaschenkind wird möglichst zwischen dem fünften und dem neunten, spätestens zwölften Monat Mahlzeit für Mahlzeit an den Löffel und die Lerntasse gewöhnt. Am Ende des ersten Lebensjahres sollte es weitgehend am Familientisch teilnehmen *(s. Kap. 4)* und keine Extra-Babymahlzeit mehr oder gar Flasche gerichtet bekommen[28]!

Blättern Sie bitte noch einmal zurück zur Aufzählung der *Regeln*, die uns den nötigen *Spielraum in der Beziehung* zu unserem Kind sichern sollen *(s. S. 101)!* Zum letzten, dort genannten Punkt möchte ich noch einiges anmerken:

Wir ermöglichen unserem Baby spätestens mit fünf Monaten die Eigenkontrolle über seinen Schlaf.

Erfahrungsgemäß ist das *Thema „Schlafen"* für so viele Eltern von Kleinkindern ein Reizwort, daß ich ein wenig darauf eingehen möchte:

Nach manchen Statistiken leiden drei von vier Kleinkindern unter Schlafstörungen und mit ihnen ihre Eltern. Die *Gründe* sind vielfältig, hängen mit den familiären und gesellschaftlichen Verhältnissen sowie Wohnbedingungen und vielem anderen zusammen. Hier möchte ich nur auf **eine** *Ursache* eingehen, die

— in den meisten Fällen die *Hauptrolle* spielt,
— mit kleinen Hilfestellungen zu *beseitigen* ist,
— dadurch die Schlafstörung *behandelbar* bzw. bei rechtzeitiger Reaktion *vermeidbar* macht.

Die Voraussetzung für gesundes Schlafverhalten ist nämlich, *loslassen* zu können, und ein schlafgestörtes Kind muß das erst noch lernen!

Was heißt das nun praktisch? Wie kommen wir weiter? Das Prinzip ist einfach: Wir müssen nur vermeiden, den

Schlaf des Kindes durch *unser Tun*, durch irgendwelche gutgemeinten *Tricks* herbeizuführen, es schläfrig zu machen durch bestimmte Maßnahmen, die schnell zur Gewohnheit werden. Es ist schlicht unfair, sich beispielsweise zu ihm zu setzen und es in den Schlaf zu streicheln, um sich dann auf leisen Sohlen davonzuschleichen, sobald es eingeschlafen ist.

Dürfen die Hände Treue schwören, während die Füße bereits wissen, daß sie sie unterlaufen werden? Eine solche *Schummelei* wird bald durchschaut! Das Kind wird in der nächsten flachen Schlafphase bemerken, daß wir nicht gehalten haben, was wir ihm während seines Einschlafens versprochen haben, wenn auch ohne Worte: *Ich beschütze deinen Schlaf!* Wir müßten ein solches *Versprechen die ganze Nacht hindurch halten*, doch dieser Liebesdienst ginge ja wohl entschieden zu weit!

Kathrin, elf Monate alt, schläft endlich durch, von abends halbacht bis morgens sieben Uhr. Seit sie das schafft, ist sie viel fröhlicher und ausgeglichener als früher. Das ist ein Segen, denn Kathrins Mutter ist hochschwanger und braucht viel Ruhe.

Bis vor einer Woche weinte Kathrin jede Nacht mehrere Male. Um sie wieder zum Schlafen zu bringen, mußte der Vater sie auf den Arm nehmen und, das hatte sich mit der Zeit so entwickelt, mit ihr die Wendeltreppe ins Wohnzimmer hinunter- und wieder hinaufgehen, so lange, bis sie schlief. Jetzt plötzlich schläft Kathrin problemlos, ohne Prozeduren!

Was war passiert? Der völlig übermüdete Vater hatte sich einen Bänderriß am Außenknöchel zugezogen!

Zählen wir die *häufigsten Einschlaf-Tricks* einmal auf:

- Herumtragen oder -fahren,
- dabeisitzen: singend, summend, streichelnd oder Händchen haltend,

- sich dazulegen,
- die Brust oder die Flasche geben.

Sie merken, immer haben wir es mit den schon erwähnten, vertrackten *Bedürfnisverknüpfungen* zu tun: Das Kind kann nicht schlafen, ohne daß die *Eltern* dies oder jenes dazu *beitragen*. So sind sie in das sogenannte Einschlafschema ihres Kindes *eingebunden: LOSLASSEN IST UNMÖGLICH!*

Wie machen wir es also *klüger?*

Ab dem vierten oder fünften Monat wird es wichtig, das *Gute-Nacht-Ritual* so anzulegen und zu gestalten, daß es auf das loslassen vorbereitet, ohne bereits die Schläfrigkeit zu fördern:

- Die *letzte Wickelaktion nach (!) der Abendmahlzeit* hat einen anderen Charakter als sonst. Wir können uns z. B. von jedem Körperteil des Babys verabschieden, während wir es anziehen: Gute Nacht, Bein! – Gute Nacht, anderes Bein! Oder wir reservieren ein bestimmtes Lied, einen geeigneten Spruch dafür.
- Dann geht's zum *Bettchen*: Wir begrüßen es gebührend, besonders herzlich aber das *Schlafpüppchen* oder *-bärchen.*
- Falls wir ein Schnullerkind haben: Erst hier im Bett findet es seinen geliebten *Nachtschnuller* vor. Erkennungsmerkmal: Blaue Farbe! Solange es noch unsicher ist im Greifen: Führen Sie ihm das Händchen zum Schnuller! Niemals einfach reinstecken, sondern helfen beim Selbertun!
- Ein letztes Streicheln über den Kopf, und mit *„Gute Nacht, schlaf gut und fest, und sei ein(e) starke(r) Held(in) deiner Träume!"* verlassen wir das Zimmer.

So wird das Zurückfinden zu sich selbst *(s. Kap. 2)* erheblich erleichtert. Sehr bald lieben Kinder dieses Sich-Auskennen, gerade beim Schlafengehen! Eltern, die das ausprobieren, sind oft total überrascht über ihren Erfolg.

Bei der Einführung eines solchen Gute-Nacht-Programms kann es freilich für einige Abende noch „Rückfragen" geben: *Du kannst mich doch nicht einfach so alleinlassen!* – schallt es protestierend hinter uns her. Wir können ja antworten: *Eigentlich schon! Aber weil du's bist, drück' ich dich nochmal!* Wir zählen bis drei, setzen uns so eine Grenze, die wir dann auch einhalten: Gehen wir! Wir kommen ja wieder, so oft wie nötig!

Zur Verdeutlichung: Das Gute-Nacht-Programm als Ganzes läuft *nur einmal je Abend.* Danach und bei nächtlichen Schlafunterbrechungen fassen wir uns viel kürzer, machen wirklich nur das Nötigste, überprüfen eigentlich nur, ob alles in Ordnung ist. Man kann z. B. das Baby kurz herausnehmen und an sich drücken, dann das Bett überprüfen und eine Falte des Lakens glattstreichen: *„Schau, das hat dich gestört!"*, und schon liegt es wieder drin!

Bei Elterngesprächen zum Thema „Schlafen" kommt man regelmäßig an einen kritischen Punkt: Die Eltern ahnen, daß sie sich entscheiden müssen, ihrem Kind *im Loslassen voranzugehen; ein mutiges Vorbild zu sein,* wenn nicht alles so weiterlaufen soll wie bisher. An dieser Stelle taucht oft die Frage auf: „Ja, aber – soll ich sie/ihn denn schreien lassen?" Antwort: „Nein, keineswegs! Gehen Sie nochmal hin! Wenn ihr Baby Sie ein weiteres Mal spüren durfte, wenn die Situation und das Bett nochmals von Ihnen überprüft wurden, dann können Sie sich doch guten Gewissens von ihm lösen! Vergessen Sie aber nie, im Gehen zu versprechen, daß Sie jederzeit wiederkommen, wenn es nötig ist, etwa so: *Jetzt darfst du schlafen, versuch's wenigstens! Und wenn's nicht geht: Ruf mich!*

Dieser letzte Satz hat es in sich: Er hat schon zahllosen Eltern geholfen, beim Verlassen des Kindes ein gutes Gewissen zu behalten. Denn in dem Versprechen: *Ich komme jederzeit wieder, wenn es nötig ist, und schaue nach dir!* liegt so viel Trost und Verläßlichkeit, daß jedes Kind damit klarkommen kann. Es wird noch zwei oder drei Nächte immer wieder die Probe aufs Exempel brauchen, und wir dürfen es nicht enttäuschen. Nur: Verweilen oder auch nur ein zögerlicher Schritt beim Gehen wird den Erfolg vereiteln! Man sieht, loslassen will gelernt sein.

Also, freundlich hinein zum schlaflosen Kind, und nach einer halben Minute – länger brauchen Sie nicht, um Situation, Kind und Windel zu überprüfen und die Falte im Bett nochmals glatt zu streichen! – ebenso freundlich wieder hinaus: *Wenn's nicht geht, ruf mich!*

Ein Wort an diejenigen, die das *Familienbett* propagieren: Wem's liegt, mag es so halten. Ich habe in der Beratung ungezählter Eltern die Erfahrung machen müssen, daß die Mehrzahl der Mütter und Väter sich damit *überfordern*, unausgeschlafen und genervt sind, sich kaum mehr an ihrem Kind freuen können, weil es ihnen die letzten Kräfte raubt.

Dann das *unterschiedliche Schlafbedürfnis:* An den Kindern, die gelernt haben, losgelöst und selbstkontrolliert, in eigener Regie zu schlafen, sehen wir, daß der Nachtschlaf meist elf bis dreizehn Stunden beträgt. Welcher Erwachsene hat dazu die Zeit? Wer legt sich wirklich im *eigenen Interesse* schon um acht Uhr ins Bett? Wer es dem Kind zuliebe tut, läßt ihm doch wohl eine *Doppelbotschaft* zukommen: „Weil du meine Zuwendung brauchst, lege ich mich zu dir; dir zuliebe verzichte ich darauf, jetzt drüben zu sein, etwas zu lesen, Musik zu hören usw." (s. Kap. 7).

Im übrigen: Wenn Elternschaft keinen Spaß mehr macht, dann ist oft die *Partnerbeziehung der Eltern* schon aufs äußerste gespannt! Ob sie die Zerreißprobe besteht, wenn sich die Kinder allzu breit machen dürfen im Bett der Eltern?

Wir sollten nicht außer acht lassen, daß die sexuellen Bedürfnisse des Elternpaars im allgemeinen kaum berücksichtigt werden können, wenn die Kinder Tag und Nacht dabeisind!

Wir erkennen: Das Loslassen nicht rechtzeitig zu üben, bedeutet nicht nur für das Kind ein Handikap, indem die Festigung seines Selbstvertrauens behindert wird; auch für uns Eltern ist es eine unnötige und sinnlose Belastung!

Nicht nur im Zusammenhang mit dem Schlafen wird deutlich, wie notwendig das „Loslassen" ist. Das Thema begegnet uns auf ganz vielfältige Weise im Laufe der fortschreitenden Entwicklung des Kindes. Es betrifft z. B. auch das Gebiet der *Ernährung*, den schrittweisen Übergang von der reinen Säuglings- zur Folgekost. Nicht wenige Eltern haben auffallend wenig Interesse an den Fortschritten ihres Kindes auf diesem Gebiet, während sie z. B. die Bewegungsentwicklung mit großer Aufmerksamkeit verfolgen. Altersgerechte, die körperliche und seelische Gesundheit des Kindes fördernde Ernährung bedeutet, daß wir mit dem Kind einen Prozeß durchlaufen:

Mit vier, spätestens fünf Monaten starten wir behutsam mit halbfester Kost:

- Die *erste Löffelmahlzeit* besteht aus Gemüse, anfangs nur wenige Löffel vor einer Brust- bzw. Flaschenmahlzeit, dann auch Kartoffeln, Reis und Fleisch. Dieses *„Mittagessen"* sorgt altersangepaßt für eine ausgeglichene Zufuhr wichtiger Nährstoffe, dazu von Ballaststoffen, die das Immunsystem stärken und das heranwachsende Kind durch eine Ausreifung der Darmflora robust machen, z. B. gegen Durchfallerkrankungen.

- Als *zweite Löffelmahlzeit* empfielt sich ein *abendlicher Brei* aus Getreide, Milch und Obst. Das sollte spätestens ab dem sechsten Monat die *letzte* Mahlzeit vor dem Schlafengehen sein. Hier wird deutlich, daß das Weiterkommen mit dem Eßprogramm sehr viel zu tun hat mit dem Loslassen: Durch die Regel: *Letzte Mahlzeit des Tages per Löffel!* geraten wir erst gar nicht in Versuchung, das einschläfernde Saugen als Einschlafhilfe zu mißbrauchen! Schon die Großmütter wußten, daß der Brei am Abend den Schlaf fördert. Was sie nicht wußten: Die Ursache ist nicht der Sättigungsgrad, sondern die klare Vorgabe: Essen mit dem Löffel ist *nicht schlaffördernd*, geschieht sozusagen nicht bei Schummerbeleuchtung. Das Baby wird nicht verleitet zu einer Verknüpfung Trinken-Schlafen. *Gut schlafen ist: loslassen können!*

- Als *dritte Löffelmahlzeit* gibt es dann bald eine kleine Zwischenmahlzeit am Nachmittag, z. B. püriertes Obst mit einem in Milch eingeweichten Zwieback.

- Mit spätestens *neun Monaten* tut das Baby einen weiteren, wichtigen Schritt: Es nimmt am *Abendbrot* der Familie teil! In kinderreichen Familien wird der Zeitpunkt oft um zwei bis drei Monate vorverlegt – vom Baby wohlgemerkt! Es mag eben nicht mehr abseits sein *(s. Kap. 4)* und abgespeist werden. Und mit dem Mundabwischen gilt: *Jetzt bist du satt und brauchst nichts bis morgen früh!*

- Mit *neun, spätestens zwölf Monaten* haben sich die allermeisten Babys *selbständig abgestillt* – unter der Voraussetzung, daß sie in der geschilderten Weise *freigelassen* worden sind! Auch das *Frühstück* findet jetzt gemeinsam statt. Zur Überbrückung, bis es gerichtet ist, gibt es einen Becher Wasser oder kalten Tee vom Abend. Über Nacht ist dem Organismus ohnehin einiges an Wasser verlorengegangen und muß aufgefüllt werden.

Zum *Frühstück* noch eine Ergänzung: Viele Erwachsene und manche Kinder haben noch keinen rechten Hunger gleich nach dem Aufstehen. Eine gute Stunde später schmeckt es dann um so besser. In Ordnung, richten wir uns danach! Das ist ohnehin der natürlichere Rhythmus.

Ein Bedürfnis befriedigen zu wollen, welches überhaupt noch nicht verspürt, geschweige denn geäußert wurde, kann die Fähigkeit zur Selbstregulation erheblich beeinträchtigen. Daher gilt: *Zu essen ohne Hunger zu haben sollten wir unseren Kindern nie angewöhnen wollen!* Eine

Eßstörung wäre die Folge. Denn bestenfalls würden sie *uns zur Freude* essen, was aber nur eine Art *abgewandelter Gehorsam* wäre!

Dem Kapitel „Loslassen" fehlt etwas Entscheidendes, wenn ich den Gehorsam nicht wenigstens kurz streife: Das ist kein Erziehungsideal mehr, das hat sich ja herumgesprochen, zum Glück! Inzwischen gibt es aber *gehorsame Eltern:*

Da werden Dreijährige auf den Arm genommen, weil sie im Kommandoton und mit drohender Gebärde „ihr Recht" einfordern, z. B. mit grobem Faustgriff die Mutter beim Pulli packen, wenn sie nicht „spurt", sondern es wagt, trotz der Ungeduld des Kindes im Gespräch mit der Freundin noch zwei Sätze fortzufahren. Jetzt geht das zornige Wüten direkt ins Ohr. Gehorcht sie jetzt immer noch nicht? Kinder können da ungeniert zupacken und ihren Eltern den Kopf buchstäblich zurechtrücken: *Ich will, daß du mir zuhörst, und zwar sofort!*

Eltern als Leibeigene ihrer Kinder? Da stimmt doch etwas nicht! Ja, eben: Das Loslassen fehlt!

Die Beziehung gerät ins Ungleichgewicht: Indem die Eltern ständig die vom Kind geäußerten Bedürfnisse zu befriedigen versuchen – *ich habe Durst; ich will jetzt dies; ich brauche dich, und zwar sofort!* -, bleibt ihnen zuwenig Spielraum, Gelegenheit und Energie, um *von sich aus* ihre Zuneigung zum Kind zu spüren und zu zeigen, daß **sie** es sind, die seine Nähe suchen. Denn das geht nur aus einer gewissen *Distanz!*

Welche Art Liebe braucht denn ein Kind? Eben die aus der Zuneigung heraus empfundene *„Liebe von Herzen", nicht etwa Zuwendung,* die nur nach Pflicht und Vorsatz riecht! Nur so wächst ein tragfähiges Urvertrauen heran, die wichtigste Voraussetzung für die Entfaltung der Persönlichkeit sowie der späteren Fähigkeit zu Partnerschaft und Liebesbeziehung.

Die tagtägliche *Selbstverausgabung*[29] *der Eltern* ähnelt einem Hamsterrad, in dem sie sich immer mehr abstrampeln. Sie haben schließlich nicht mehr die nötige Luft für ein *spontanes „Gernhaben"*, das wirklich ihrem *eigenen Empfinden* entspringt und *nicht Reaktion* auf vorausgegangene Forderungen des Kindes ist. Dadurch bleibt das Suchen des Kindes nach Liebe unbefriedigt.

Der Teufelskreis ist geschlossen: Es muß immer mehr fordern, erhält aber Zuwendung nur nach dem erstgenannten Muster (Bedürfnisäußerung des Kindes und entsprechende Befriedigung, wie unter Zwang), bis die Eltern schließlich überfordert sind: *Diese Selbstverausgabung als Burn-out-Syndrom der Elternliebe* sollte uns erspart bleiben!

Es muß genug *Raum* bleiben, damit jede Seite von Zeit zu Zeit *„Lust"* verspüren und *Verlangen* nach dem andern äußern kann, wie übrigens auch in einer guten Partnerschaft. *Lust braucht Luft!* In der gegenwärtigen Gesellschaft ist es für viele Eltern schwer geworden, sich diesen *nötigen Freiraum* zu bewahren.

Wenn die *„Zuwendung auf Abruf"*, auf Verlangen des Kindes, in den Vordergrund tritt und die Eltern ihre Bedürfnisse verstecken, erfährt dieses *Verlangen nach „mehr"* eine galoppierende *Inflation:* Das Kind sucht hinter dem Ersatz, dem Falschgeld der rasch an Wert verlierenden „Bedürfnisbefriedigungen" *die Eltern: wie sie wirklich sind* mit ihrem *Fühlen, Wissen* und *Wollen.* Eine Suche mit zunehmend schlechteren Erfolgsaussichten!

Zusammengefaßt:
Wenn Eltern nicht auch rechtzeitig loslassen können, geschieht *dreierlei*:

● Das *Kind* erhält zuwenig Freiräume, um seine Fähigkeiten zu erproben und Selbstvertrauen zu gewinnen *(s. Kap. 3)*.

● Aber auch für die *Eltern selbst* hat das Nicht-Loslassen-Können bedeutsame Auswirkungen: Elternschaft wird unnötig beschwerlich, manchmal unerträglich, nicht ohne Folgen für die *Beziehung zum Partner!*

- In der *Beziehung zu ihrem Kind* geraten die Eltern in eine Schieflage, weil sie auch für sich selbst keine Freiräume offenhalten. Sie stellen zu hohe Ansprüche an sich selbst *(...mein Kind soll es besser haben!)* und nehmen eine uneingeschränkte Opferrolle ein *(...für mein Kind nehme ich alles auf mich!)*.

Daher sollten wir das *Loslassen von Anfang an* üben und darauf vertrauen, daß unser Vorbild vom Kind schon richtig verstanden werden wird! Ob wir loslassen können oder nicht, wird sich mit Sicherheit auf die *gesamte Entwicklung* des Kindes, auf Selbstvertrauen und Lebensfreude wesentlich auswirken. Es wird sich aber am *deutlichsten* und recht *früh* daran zeigen, ob unser Kind gut und gern *schläft* sowie daran, wie es *ißt*. Daher sollten wir Störungen in diesen Bereichen als verdächtige Früh-Symptome ansehen. *Kluge, zeitige Änderungen führen zu erheblichen Erleichterungen!*

7.
Das Anrecht auf ehrliche Gefühlssprache

Meine Frau und ich fahren mit der Seilbahn auf den Frei-
burger Hausberg, den Schauinsland. Es ist ein wunderba-
rer, sonniger Wintertag. Uns gegenüber sitzt eine Mutter
mit zwei kleinen Kindern, einem vielleicht vierjährigen
Mädchen und einem etwa ein Jahr alten, ziemlich paus-
bäckigen Jungen. Sie haben einen Schlitten dabei.

Das Mädchen betrachtet interessiert die Landschaft,
der kleine Junge sitzt auf Mutters Schoß und beschäftigt
sich mit den Reißverschlüssen seines Overalls. Plötzlich
gibt er einen unwilligen Laut von sich, nörgelt und quäkt
ein wenig, biegt sich durch und tritt die Mutter dabei
gegen das Knie.

Die Mutter gibt ihm ein Küßchen auf den Scheitel und
fragt: „Hast du schon wieder Hunger?“ holt eine Plastik-
dose aus dem Rucksack und reicht ihrem Sohn ein kleines
Butterbrot. Der Sohn nimmt als erstes die Scheiben aus-
einander und puhlt dann mit dem Finger die Butter vom
Brot. Ein wenig davon steckt er sich eher lustlos in den
Mund, das meiste landet auf dem Boden oder wird in den
Stoff des Overalls eingerieben. Die Mutter kommentiert:
„Du sollst doch nicht so ferkeln!“ läßt ihn aber gewähren
und gibt ihm noch ein Küßchen.

Als er zunehmend unruhig wird – die Fahrt dauert etwa
zwanzig Minuten –, verstaut die Mutter die größeren Brot-
reste. Die Butter- und Brotkrümel steckt sie sich selbst in
den Mund. Dann reicht sie ihrem Sohn aus einer zweiten
Dose einen Apfelschnitz mit den Worten: „Du magst si-
cher lieber etwas Frisches!“ Kurzzeitig etwas besänftigt,
doch sichtlich ohne große Freude, ergreift der Sohn das

Angebot, schleckt ein wenig daran herum, öffnet schließ-
lich langsam die Hand und beobachtet scheinbar gleich-
gültig, wie das Apfelstück zu Boden fällt, dem anderen
Zerbröselten hinterher.

Zugegeben: Die Fahrt war für einen Einjährigen langweilig.
Es mag auch sein, daß man nicht ständig eine zündende
Idee haben kann, wie man ihm denn die Zeit verkürzen
und ihn beschäftigen könnte. Ich denke aber, es hätte
schon genügt, ihm den Rucksack mit seinen interessanten
Riemen, seinen Schnallen und Klappen in Reichweite zu
stellen: Er wäre eine ganze Weile beschäftigt gewesen!
    Es geht jedoch eigentlich genau darum: *Ist Langeweile*
denn ein Unglück, das sofort Gegenmaßnahmen erforder-
lich macht? Ein unfreiwilliger Zeuge der kleinen Szene
gewann leicht den Eindruck, daß der wohlernährte Junge
keineswegs hungrig war, daß aber seine Mutter ständig
versuchte, ihn bei Laune zu halten. Sein offenkundiges
Bedürfnis, sich zu beschäftigen, etwas zu tun, wenn er sich
schon nicht bewegen konnte, wurde nicht befriedigt. Statt
dessen erhielt er *orale, „mundige" Angebote*, auf die er
aber gar keine Lust verspürte. Diese Ersatzangebote erhielt
er gewiß häufiger und nahm sie wohl auch nicht selten an,
wie seine Statur verriet!
    Launen, Langeweile, mehr oder weniger ausgeprägte
Stimmungsschwankungen: Das wird jedes normale Kind
– je nach Temperament – spätestens mit sechs bis acht
Monaten zeigen, erst recht natürlich mit einem Jahr! Völlig normal, wenn die gute Laune öfter mal umschlägt: Das
Baby kann

- plötzlich *Desinteresse* oder *Unmut* äußern in Situationen, die ihm bisher Spaß gemacht haben,
- sichtlich überdrüssig sein *Spielzeug wegwerfen*,
- unvermittelt die *Nahrung verweigern*,
- *Langeweile haben* wegen seiner beschränkten Möglichkeiten, irgend etwas lustvoll zu erleben,

- entsprechend *verärgert* reagieren, indem es quengelt, schimpft, scheinbar grundlos herumschreit, mit den Händchen wedelt, sich an den Ohren zieht.

Eine Weile wird man ihm noch Abwechslung verschaffen können. Je mehr sich aber die Umgebung dabei ins Zeug legt mit immer größerem Aufwand, desto sicherer wird das Kind seine Eigenständigkeit einbüßen, und sein Selbstwertgefühl wird leiden.

Vor allem, wenn *schlechte Laune* oder kleine Unpäßlichkeiten immer gleich *bekämpft* werden (als ob das nicht sein dürfte!), wird ihm der innere Ausgleich immer weniger gelingen: Es wird immer öfter maulen und schimpfen, schließlich auch *Wutattacken* haben und auf diese Weise doch noch zu seinen von uns als negativ empfundenen Gefühlen kommen. Nur: Dummerweise lernt es so keineswegs, mit diesen *Gefühlen umzugehen* und sie in den Griff zu kriegen! Eher lernt es sie noch zu schätzen und als sein ureigenstes Recht zu verteidigen, wenn die *Umgebung* sie als *negativ, als bekämpfenswert* bewertet.

Wie gesagt: Ein solches Auf und Ab des persönlichen *Stimmungsbarometers* zeigen die meisten Kinder beginnend mit der zweiten Hälfte des ersten Lebensjahres. Die Schwankungsbreite steigert sich dabei allmählich. Die *Umgebung* läßt sich oft sehr beeindrucken und *leidet mit*, denn immerhin fallen in diese Zeit meist auch die ersten Zähnchen, die ersten Infekte, auch Mühsal und Mißerfolge beim Versuch, es den Großen nachzutun und sich zu bewegen.

Es ist wie mit dem *Wetter*: Kleine, harmlose Gewitter kündigen sich oft durch Wetterleuchten an. Manchmal ziehen sie vorüber. Aber manchmal bleiben sie gar nicht harmlos, sondern versuchen die Welt zu erschüttern, ihren Zusammenhalt auf die Probe zu stellen.

Leider etabliert sich bei Kindern, die schließlich solche *Zornesattacken* entwickeln, eine Art Teufelskreis: Je unangenehmer sie sich bemerkbar machen, desto sicherer werden die so Angesprochenen schließlich irgendwie Abhilfe zu schaffen versuchen, in aller Regel mit einem Trostbonbon, das nur ein „faules Ei" sein kann: Orale *Ersatzbefriedigung* oder Beruhigungsangebote *(s. Kap. 5)* sind eine denkbar *ungeeignete Antwort* auf den Versuch, einmal seinem Ärger Luft zu machen, weil einem nun mal danach zumute ist!

Leonies Eltern machen sich Sorgen, weil ihre jetzt fünfzehn Monate alte Tochter sich schon wiederholt auf den Boden geworfen hat und unter heftigem Schreien und Weinen blaurot angelaufen ist, wenn man ihr etwas weggenommen oder einen Wunsch nicht erfüllt hatte. Sie befürchten, sie könne sich ernstlich wehtun, wenn sie die Stirn auf den Boden presse, oder sie könne durch einen Sauerstoffmangel zu Schaden kommen. Die gleichen Attacken ereignen sich auch, wenn Leonie sich z. B. den Kopf versehentlich etwas anstößt oder beim Umherlaufen unsanft auf dem Po landet.

Weil sie dabei auch schon „weggeblieben" ist für einige Sekunden, wurde Leonie gründlich untersucht, mit unauffälligem Ergebnis.

Die Eltern konnte das aber kaum entlasten. Sie beobachten weiterhin ängstlich jeden Schritt Leonies, versuchen sie rechtzeitig aufzufangen, wenn sie einmal strauchelt, und behandeln sie wie ein rohes Ei. Konflikte werden nach Möglichkeit vermieden. Von unerfüllbaren Wünschen lenkt man sie durch Spielangebote, andere Zuwendungen oder Versprechungen ab.

Für Leonies Eltern scheint es nichts Schlimmeres zu geben als ein sich ärgerndes Kind. Durch ihre Vermeidungsstrategie darf Leonie die negative Hälfte ihrer Gefühlsskala nicht kennen-, geschweige denn mit ihr umgehen und sie beherrschen lernen.

Sie sehen, man kann ein Kind auf vielfältige Weise daran hindern, die Grundtechniken zu erwerben für den Umgang mit *Lust und Unlust*. Sein Forscherdrang gebietet ihm aber geradezu die Auseinandersetzung nicht nur mit der Außenwelt *(s. Kap. 3)*, sondern auch mit seiner Innenwelt, vor allem seiner *Gefühlswelt* mit ihren Hochs und Tiefs. Auch dieses Forschen im eigenen Innern gehört zu den Freiräumen, die wir ihm nicht verbauen sollten. *Ich-Stärke und Erlebnisfähigkeit* sind anders nicht zu erreichen! Stehen wir also nicht im Weg! Um diese Selbstergründung nicht zu behindern, ergibt sich für uns ein

---

Siebenter Merksatz: **Launen und Gefühle? Aber klar!**

Wir sollten es also in Ordnung finden können, wenn unser Kind beginnt, Launen auszuprobieren. Je mehr, desto besser, denn um so schneller wird es Übung darin haben, *selbst* etwas gegen schlechte Laune und Langeweile zu unternehmen und kreativ werden. Darauf können wir uns verlassen, unter *zwei Bedingungen:*

- *Nicht wir Eltern* haben die Aufgabe, diese *Gegenmaßnahmen gegen schlechte Laune* zu ergreifen.
- Wir tun gut daran, uns von *Gute-Laune-Perioden weit mehr angesprochen* zu fühlen als von mißlaunigen.

Ich will Ihnen das gern begründen: Wenn wir diese Bedingungen erfüllen, uns also etwas *heraushalten, nicht so sehr in die Pflicht genommen fühlen bei Langeweile*, dann – und nur dann! – wird es das Kind sein, das sich dazu aufschwingt, seine bisherigen Grenzen zu überschreiten und sich neue Möglichkeiten zu eröffnen. Die Entschädigung für die Mühe erhält es prompt in Form von entsprechenden Erfolgserlebnissen *(s. Kap. 2)*.

Außerdem verleiten wir es nicht, mittels lautstarker, schlechter Laune nach Bedienung und Unterhaltung zu verlangen. Es wäre immer öfter schlecht gelaunt und würde seine schlechte Laune an uns auslassen. *Häßliches Ver-*

halten, das uns mit Recht stört und das wir auch bei uns selbst nicht in Ordnung finden würden, sollten wir *nie belohnen,* auch nicht aus purer Gedankenlosigkeit!

Dafür sollten wir uns schlicht zu schade sein. Auch Kellner oder Butler, deren Beruf es immerhin ist zu bedienen, lassen sich nicht auf rüde Art herumkommandieren, denn: *Die Würde des Menschen ist unantastbar!* Das steht, wie Sie wissen, ganz vorn im Grundgesetz und hat ohne Einschränkung *auch zwischen Eltern und Kindern* zu gelten.

Bei uns Eltern können wir dieses Wissen voraussetzen, bei unseren Kindern aber nicht. Daher müssen wir es ihnen sanft, aber verständlich beibringen, indem wir nicht nur die *Würde unserer Kinder* achten, sondern auch *unsere eigene verteidigen.* Nur so werden wir unserer Verantwortung als Eltern gerecht!

Es ist doch auch ganz natürlich: Zu einem freundlichen, aufgeschlossenen Menschen setzt man sich doch viel lieber und unterhält sich vielleicht recht angeregt mit ihm. Dagegen muß man schon eine soziale Ader mitbringen und die eigenen Interessen zurückstellen können, wenn man sich vornimmt, mit einem frostigen Miesepeter den halben Nachmittag zu verbringen. Man läßt sich ja auch nicht von einem Fünfjährigen, der üble Schimpfwörter und die neuesten Kung-Fu-Attacken aus dem Kindergarten nach Hause bringt, den Wortschatz und den Umgangston aufdrängen und das Wochenende verderben!

Wenn er aber fröhlich gesprungen kommt und mir nach glücklicher Begrüßungsumarmung seine Erlebnisse berichtet, dann werde ich ihm interessiert zuhören und mich von seiner Unbekümmertheit, seiner kindlichen Neugier und seinem Humor mitnehmen lassen, denn Kinder geben uns jeden Tag die Chance, mit ihren Augen das Gute und Schöne in der Welt neu zu erleben.

Auf einen einfachen Nenner gebracht: *Von guter Laune lassen wir uns lieber anstecken als von schlechter!* Eine solche Regel sorgt für ein gesundes Familienklima, das auch einmal ein reinigendes Gewitter aushält, ohne daß gleich eine Klimakatastrophe zu befürchten wäre!

Im übrigen sind diese von den Kindern angezettelten, kleinen Gewitter auch Gelegenheiten, sich allmählich eine gewisse *Konfliktfähigkeit* anzueignen. Gerade in besonders harmonischen Familien muß manchmal das jüngste Mitglied selbst dafür sorgen, daß es da nicht zu kurz kommt:

Der dreizehn Monate alte Joscha sitzt im Hochstuhl am gemeinsamen Mittagstisch. Schon nach wenigen Löffeln will er seinen Teller nicht leer essen. Der Vater versucht noch einmal, sein Interesse zu wecken – vergebens. Er versucht, ihn mit Spielsachen abzulenken und dabei zu füttern – vergebens. Joscha darf runter auf den Fußboden, damit die Eltern ihr Mahl beenden können – vergebens. Er lärmt und heult so lange, bis er auf Vaters Schoß sitzt, der immer noch hofft, etwas essen zu können – vergebens. Schließlich reißt der Geduldsfaden, und Joscha wird in sein Bett verfrachtet – vergebens: Das Nerven geht natürlich weiter...

Hier spielt ein Kind mit seinem Stimmungsbarometer und erprobt beiläufig, wie stabil die Schönwetterlage der Umgebung ist: Ob sie dem Belastungstest standhält?

Ganz optimal lief es hier nicht, aber – Eltern sind ja lernfähig:

Zwei Jahre später. Die Familie sitzt wieder zu Tisch. Joscha ißt mit gutem Appetit. Seiner einjährigen Schwester Maren schmeckt es heute nicht so recht. Überhaupt ist mit ihr heute „nicht gut Kirschen essen", sie ist etwas „neben der Kappe". Bei Joscha hätte das bei den Eltern Besorgtheit ausgelöst, aber bei Maren fühlt sich dadurch niemand gestört. Man bemerkt es eigentlich nicht einmal, denn alle anderen sind eifrig beschäftigt mit Essen, Erzählen und Zuhören. Zum Schluß hat sie doch ein wenig

*von ihrem Teller gegessen. Und beim Abendbrot haut sie
dann richtig rein!*

Routinierte Eltern können vieles durch *Nicht-Einmischen*
der Selbstregulation des Kindes überlassen. Vielleicht wird
das erst möglich durch ein allmähliches, *heilsames Ab-
stumpfen* der übergroßen Sensibilität gegenüber der kindlichen Gestimmtheit, wie sie charakteristisch ist für *Anfän-
ger-Eltern* (nehmen Sie mir bitte den Ausdruck nicht übel:
Wir fangen alle einmal an!). Ich bewundere immer Mütter
und Väter, die dieses *Nicht-Einmischen* in vielen Situationen schon beim ersten Kind wie selbstverständlich beherrschen: einfach talentiert! Und, sollte ein zweites kommen,
dann kann man sie nur noch mehr beglückwünschen: Sie
werden sich viel unnötige Mühe und Nervenkraft sparen,
Launen und Gefühlsausbrüche werden ja dann nicht weniger. Schließlich gibt es auch *zwischen* den Geschwistern
reichlich Reibungsmöglichkeiten, und da ist das *Heraushalten*, die *Verweigerung der Schiedsrichterrolle* häufig die
klügere Variante für uns Eltern!

Betrachten wir einmal eine ganz andere Situation: Nicht
den scheinbar grundlosen Stimmungsumschwung des Kindes aus heiterem Himmel, sondern eine mehr oder weniger
nachvollziehbare Unmutsäußerung.

*Die zweijährige Sina begleitet die Mutter beim Einkaufen.
Eine kleine Unachtsamkeit: Sie stolpert und fällt hin. Sofort beginnt sie zu weinen, die Mutter reißt sie hoch und
preßt sie unter Küssen an sich: Ach, meine arme, kleine
Sina! Meine arme, kleine Sina!*

*Sina weint unter heftigem Schluchzen etwa zehn Minu-
ten. Dann versucht die Mutter vorsichtig, sie auf den Boden zu stellen, nimmt sie aber sofort wieder hoch, weil sie
augenblicklich wieder laut zu weinen anfängt.*

*Bei der Untersuchung in der Praxis ist wenig zu finden:
Eine kleine rote Prellmarke am Knie, das ist alles. Eine
Verletzung des Skelets ist auszuschließen.*

Da Sina auch weiterhin nicht auftritt, verordne ich eine zweitägige Bettruhe und kühlende Umschläge.

Schon am selben Abend ruft die Mutter nochmal an: Die Bettruhe sei nicht einzuhalten, Sina tolle durch die Wohnung.

Hätten Sie irgend etwas anders gemacht als Sinas Mutter? – Betrachten wir einen weiteren Fall:

Ich sitze als Medizinstudent in der chirurgischen Ambulanz eines Krankenhauses und versuche, mir viel abzugucken. Da stürzt plötzlich eine Frau mit einem etwa dreijährigen, weinenden Kind herein. Es blutet stark aus einer Platzwunde an der Stirn, an der Hand hat es eine Schürfwunde, der Arm hängt unnatürlich herab. Die Frau erfaßt mit einem Blick den Raum und wendet sich ohne zu zögern an die langjährige Ambulanzschwester (man sieht ihr die Erfahrung an!): Helfen Sie mir bitte, mein Dario ist mir von der Schaukel gefallen!

Beide Frauen beginnen sofort, vorsichtig das Gesicht zu reinigen und für die Wundnaht vorzubereiten, der offenbar gebrochene Arm wird gelagert. Während der Prozedur weint das Kind, mal mehr vor Schmerz, mal mehr aus Angst.

Die erklärenden Kommentare der Mutter wirkten auf mich auffallend sachlich, irgendwie vermißte ich mütterliches Mitgefühl. Diese Frau verhielt sich irgendwie professionell, eher wie eine Krankenschwester: Nüchterne Ankündigungen für den kleinen Patienten – *Achtung, jetzt tut es ein bißchen weh! – Schau, wir müssen jetzt noch dein Auge etwas auswischen!* Dagegen der fast freundschaftlich-kooperative Ton, mit dem sie der Ambulanzschwester zur Hand ging: War das überhaupt die Mutter?

Sie war es! Eine Stunde später – nach Wundversorgung, Röntgen-Untersuchung und Gips – sah ich sie mit Dario auf dem Schoß draußen noch auf das Taxi warten: Eng um-

123

schlungen, leise ein Lied summend. Ich hörte noch, wie sie ihn leise tröstete und anerkennend zu ihm sagte: *Das war ganz schön schlimm, richtig zum Heulen! Kaum auszuhalten! Aber Aushalten macht stark, und du bist soo stark!*

Ich habe an diesem Tag viel gelernt. Vor allem den richtigen Umgang mit einem Kind, wenn ein Unglück passiert ist oder wenn etwas Schmerzhaftes gemacht werden muß:

- Die *Begrüßung* gibt der Vertrauensperson Gelegenheit, den Arzt (das Personal usw.) in ihre Vertrauenssphäre einzubeziehen, z. B. durch Erleichterung in der Stimme.
- Der *sachliche Ton* (Wo tut's weh? – Laß mal sehen: Ich glaube, das kriegen wir wieder hin! – Paß auf, es tut jetzt ein bißchen weh! – Sieh mal, der andere Arm und beide Beine sind ganz heil geblieben!) nimmt das Kind ernst als mitdenkenden, mitvollziehenden Patienten. Schreck, Furcht und Schmerz werden so überschaubar und deutlich erträglicher!
- Das tatkräftige *Mitanpacken* der Vertrauensperson mag anfangs irritierend sein, beweist aber Handlungskompetenz und hilft Vertrauen aufzubauen auch gegenüber den Schwestern und Ärzten.
- Genauso wirkt eine klare *Auftragserteilung* (Gut, daß Sie da sind! Helfen Sie uns bitte – Sehen Sie, hier!). Auch während der „Verarztung" sollte man einige an den Arzt/das Personal gerichtete *Verbindungsworte* einstreuen, die dem Kind beweisen, daß alles nur im Einverständnis mit der Mutter geschieht. Für das Kind ist *sie* es, die die Sache im Griff hat: *Alle gehorchen ihr!*
- Der *Trost* ist so wichtig, daß er ganz ans Ende verlegt wird. So kann er wirklich angenommen werden. Große *Mitleidsbezeigungen* oder gar *Inschutznahme* **vor** und **während** der Prozeduren werden fast immer die Angst noch *verschlimmern*.

Ein *Besuch beim Arzt* kann es ja ganz schön in sich haben: Streß für alle Beteiligten! Ich räume freimütig ein, daß unsereiner schwer verdaulich sein kann für so manches Kind. Das mag z. T. daran liegen, daß wir uns nicht so sehr von der uns entgegenschlagenden Ablehnung beeindrucken lassen, und das steht im Gegensatz zu den Erfahrungen, die das Kind sonst mit Erwachsenen macht.

Aber, ich versichere Ihnen: Ein Kind, das ein altersgerecht gefestigtes Vertrauen in sein Umfeld und in sich selbst hat aufbauen können, wird diesen *Belastungstest* – das genau ist ein Arztbesuch tatsächlich! – in aller Regel mit Bravour bestehen, und sein Selbstbewußtsein ist beim Verlassen der Praxis noch ein wenig größer als beim Kommen.

Ich lade Sie ein, einen Tag in meiner Kinderarztpraxis zu Gast zu sein und dabei vor allem auf das *Weinen* der Kinder zu achten: Gründe dazu gibt es ja genug, und geweint wird hier fast ebenso viel wie gelacht. Aber bei bestimmten Kindern ist es *dramatischer, erinnert an Panik.* Ihre Mütter und Väter sind jedesmal voll damit beschäftigt, ihr Kind irgendwie zu beruhigen, fast immer vergeblich. Schon bei geringsten Zeichen von Unmut geht es los:

- Zur *Ablenkung* wird mit dem Schlüsselbund gerasselt und mit den Fingern geschnalzt, oder man fährt, obwohl man von mir z. B. eine Ohrspiegelung erwartet, einfach mit dem Bilderbuchbetrachten fort.
- Zur *Beschwichtigung* haben die meisten etwas zum Knabbern dabei, oder es wird heftig geküßt.
- Zur *Beruhigung* wird ein Schlafliedchen gesummt, der Schnuller reingesteckt oder die Brust bzw. die Flasche gereicht.

Das alles führt doch unter anderem dazu, daß dem *Arzt die Rolle des bösen Störenfrieds* zugeschoben wird, vor dem man das Kind in Schutz nehmen muß! Gleichzeitig erwartet man aber von ihm, daß er die Ursache des Fiebers oder der Ohrenschmerzen herausfindet und Abhilfe schafft. Das Kind ist *hin- und hergerissen:* Gebracht zur Untersuchung, jedoch *beschützt vor dem Untersuchenden*, durch Ablenkung daran gehindert, vielleicht doch Vertrauen zu schöpfen, und das furchtsame, oft eher ärgerliche Protestieren wird mit den genannten Mitteln erstickt. *Ist das fair!* Könnte es schon klar denken, es müßte uns wirklich für *hirn-rissig* halten!

Jede *Ablenkung* bedeutet doch: Schau nicht hin, er ist zu schrecklich! Und wenn es weint und schreit und damit ausdrückt: *Ich mag den nicht!*, dann ist jeder *Kuß* eine *Bestätigung: Du hast ja ganz recht damit!* Auch allzu beflissene *Belohnungen* direkt nach der Untersuchung – mit denen das betreffende Kind schon von vorneherein rechnet: Fläschchen, Keks, Waffel usw. – haben leicht den Charakter einer *Wiedergutmachung!* Taten wir denn *unrecht!!*

Manchmal wird das geschilderte Programm schon eingesetzt, *bevor* ich das Untersuchungszimmer betrete: Das Kind ist bereits mit allem, was vielleicht zur Beruhigung beitragen könnte, ausgestattet. Schon beim Öffnen der Tür wird die Angst übermächtig, es schreit wie am Spieß und beansprucht die ungeteilte Aufmerksamkeit, so daß der Eintretende kaum angeschaut, geschweige denn begrüßt wird!

Alles Wappnen bewirkt offenbar nur, daß das Kind in seinen Befürchtungen bestätigt wird *(da kommt Unheil auf mich zu, wenn meine Eltern sich so Mühe geben, mich zu beruhigen und zu beschützen!)*, und es richtet seine ganze, ängstliche Aufmerksamkeit auf den *bösen Wolf*, der dann ja auch prompt auf der Bildfläche erscheint! Schrecklich!

Dieser Zwiespalt erinnert doch sehr an das Gespaltensein zwischen Außen- und Innenorientierung *(s. Kap. 3)*: Wie will man *Schutz gewähren und ihn gleichzeitig vorenthalten!!* Diesen Konflikt muß die Vertrauensperson *bei sich* lösen, sonst mutet sie dem Kind eine nicht zu verkraftende *Doppelbotschaft* zu, ähnlich den Zugeständnissen beim Schlafengehen *(s. Kap. 5)*. Man braucht sich dann nicht zu wundern über die panische Angst bei jedem Arztbesuch. Sebastian *(s. Einleitung)* hatte genau dieses Problem, wie unglaublich viele andere Kinder auch!

Deren Eltern sind übrigens davon überzeugt, daß es die Erinnerungen an *unangenehme Erlebnisse* wie Spritzen, Blutentnahmen usw. sind, weswegen sie solche Panik zeigen. Da ist was dran, aber unverdaulich wird es vor allem dadurch, daß man vorn küßt oder „Schmus" redet und gleichzeitig hinten sticht! Zärtlichkeiten und Säuselton als *Vernebelungstaktik* zu mißbrauchen, die kindliche *Vertrauensseligkeit schäbig auszunützen*, das sind gravierende Fehler, die nicht so leicht zu vergessen sind! (Sie lassen übrigens tief blicken, auch wenn sie oft nur aus Gedankenlosigkeit begangen werden, aber das steht auf einem anderen Blatt...)

Ganz allgemein läßt sich festhalten: Wenn wir unseren Kindern helfen wollen, *mit jedem Tag ein wenig stärker und freier* zu werden, dann sollten wir die kleinen – und wenn unvermeidlich, auch die größeren! – *Belastungen* als das nehmen, was sie sind: *Gelegenheiten zum Üben!*

Zahnungsbeschwerden sollten wir also *gerade nicht bekämpfen*, weder mit Chemie noch Homöopathie, und das Schneiden von Haaren und Nägeln, Fiebermessen, Mundabwischen, Naseputzen bejahend durchführen, sonst werden wir ein absolut unbelastbares Kind haben, welches aus einer Mücke einen Elefanten und aus *jedem Arztbesuch ein Drama* macht.

Und all das fängt an im zweiten Lebenshalbjahr mit den beschriebenen Launen, den ersten Zähnchen, den ersten lästigen Erkältungen und Durchfallerkrankungen, dem gewöhnungsbedürftigen, unfreiwilligen Absitzen beim Laufenlernen und den unvermeidlichen blauen Flecken: Viel Ärgerliches gibt es auf dem Weg vom Baby zum Kleinkind! Oder die Launen drücken schlicht Langeweile *(s. Kap. 3)* aus oder Überdruß an der bisher ungetrübten Harmonie, wer will das so genau wissen!

Jedenfalls sollten wir diese *atmosphärischen Störungen* nicht durch nächtliches Herumtragen bekämpfen. Das wären Bittprozessionen gegen das Weinen, und das sollten wir lieber o. k. finden können. *Sag einfach ja, wenn es regnen will!*

Und unsere *eigenen* Launen? Mit den Launen des *Kindes* und seinem so sinnvollen Spiel damit haben wir uns intensiv auseinandergesetzt. Was aber ist mit uns? Dürfen Eltern auch ihre Launen haben? Müssen sie nicht jederzeit mit stetiger Liebe und Fürsorge, mit unverminderter Hingabe für ihr Kind dasein?

Ich denke, die *Gestimmtheit*, auch die Freude am anderen, am Kind, ist *bei niemandem konstant;* sie macht uns erst lebendig, und es wäre unwahrhaftig uns selbst und unserem Kind gegenüber, dies zu ignorieren oder zu verheimlichen. Freilich sollten wir an uns Erwachsene schon ganz andere Ansprüche stellen, *wie* die Gestimmtheit sich äußert; haben wir Eltern nicht wenigstens zwei Jahrzehnte Vorsprung in Lebenserfahrung, Umgangsschulung, Persönlichkeitsreifung und Sozialtraining oder wie immer Sie diesen spannenden Prozeß nennen wollen?!

Noch ein Tip, von ungezählten Eltern vor allem im zweiten bis vierten Lebensjahr ihres Kindes ausprobiert, wenn sie den Eindruck hatten, ihr Kind fühle sich *zurückgesetzt* oder gar *vernachlässigt*, z. B. nach der Geburt eines Geschwisters: Suchen Sie Gelegenheiten, *als erster* die Nähe des angeblich Vernachlässigten zu suchen, zeigen Sie Ihr Interesse an ihm, beweisen Sie ihm, daß *gerade er* Ihnen wichtig ist! Daß er jeden Tag hundertmal etwas von Ihnen will, ist eine Sache, und lange nicht alles kann man erfüllen, aber einige Male gibt es die zu suchenden Gelegenheiten, die *Initiative des Gernhabens* zu ergreifen. Vorschlag zum Einstieg: Gleich morgens kommen Sie als erster ans Bett Ihres Kindes, und mit *„Rück mal 'n bißchen, bei dir ist es sooo gemütlich!"* kuscheln Sie sich dazu!

Anfangs fällt das vielen Eltern schwer: „Ich bin ja froh, wenn er mal nichts von mir will, und dann soll ich noch...?" – Ja. Sie müssen nur ein wenig dranbleiben, sich nicht gleich abweisen lassen, denn angeblich Vernachlässigte erschweren meist den Zugang zu ihnen, fordern also – das gehört dazu! – *klare* Liebesbeweise. Die kriegen sie, wenn Eltern nachdrücklich *Ansprüche stellen*. Das gleiche passiert, wenn wir einem Kind das Gefühl geben: *Du bist hier ganz wichtig, auf deine Mithilfe können wir nicht verzichten!*

Zusammengefaßt:
Laß mir meine Gefühle, meine Launen! lautet die Bitte des Kindes. *Stimmungsschwankungen* durchlaufen zu dürfen gehört auch zu den Freiräumen, die du mir erlauben solltest! Sag ja dazu, unterdrücke sie nicht, laß dich aber nicht so leicht anstecken, wenn mein Gefühlsbarometer mal im Minusbereich ist!

Unangenehmes ertragen lernen: Auch dabei kannst du mir helfen, indem du dich nicht aus der Ruhe bringen läßt!

Zur Seite stehen: Ja! Aber allzu hastig die Tränen trocknen zu wollen, das Weinen sogar zu unterdrücken oder – noch schlimmer: es durch Vorbeugemaßnahmen zu verhindern, das wird nicht gehen! Eher würden wir ein unglückliches, oft weinendes Kind haben. Wer den Regen zulassen kann, wird nie lange auf den Sonnenschein warten!

Keine Doppelbotschaften bitte! Das wäre unwürdig! Weder du noch ich haben das nötig! Außerdem macht es mir Angst, wenn ich merke, daß mir etwas Unangenehmes bevorsteht und du keinen Mut aufbringst, es mir zu sagen. *Mauscheln mag ich gar nicht!*

Zeige mir, wenn du dich freust! Verheimliche mir aber auch nicht, wenn dich etwas nervt! Unterschätze mich nicht! Auch mit *deinen Stimmungsschwankungen* komme ich zurecht. Du wirst sie ja nicht gerade an mir auslassen!

Wenn du *gut gelaunt* bist: Nimm mich einfach mal auf den Arm, selbst wenn ich gerade gar nichts von dir wollte! Ich genieße es nämlich ganz besonders, wenn du selber gerade Lust dazu hast, mich hochzunehmen! Vielleicht sträube ich mich ein bißchen? Toll, wenn dein *Liebesgriff standhält!*

Umgekehrt: Wenn ich mich mal ärgern und ein wenig schimpfen will, hast du vielleicht gerade keine rechte Lust dazu, und dann laß es lieber! Wie Halten und Loslassen *wollen auch die kleinen Konflikte täglich geübt sein:* So wächst das Selbstvertrauen, aber auch die Freude aneinander!

8.
Ein Kind liebt das Schaffen. Besonders,
wenn etwas dabei herauskommt

*Till, zweieinhalb Jahre alt, ist für Frau M. ein anstrengendes Kind. Mit seinem ständigen, unzufriedenen Quengelton, seiner Unfähigkeit, auch einmal allein zu spielen, und vor allem mit seinen allnächtlichen Ansprüchen raubt er ihr „den letzten Nerv". Seit Till vor einigen Monaten für drei Vormittage in eine Krabbelstube kam, wurde es etwas besser mit ihm, leider nur vorübergehend. Dabei ärgert es Frau M. besonders, daß Till in der Krabbelstube durchaus „auftaut" und offenbar gar nicht ungern dort ist, nur: **Bis** er dort ist, liegen die Nerven von Frau M. schon ziemlich blank. Till sträubt sich, gebraucht Ausflüchte, klammert sich an. Dagegen läßt er sich viel Zeit, wenn er abgeholt wird, will lieber noch bleiben.*

Frau M. und ich haben schon beratschlagt und einiges unternommen, um Till zu helfen, aber bisher scheint es nicht gelingen zu wollen. Eines Tages aber besucht er mich mal mit seiner Großmutter in der Praxis: Die Ohren waren krank und sind noch einmal nachzusehen. Das ist schnell passiert, und wir kommen noch ein wenig ins Gespräch. Auch für die Großmutter ist Till nicht gerade ein bequemes, „pflegeleichtes" Kind, dennoch kommen die beiden offenbar recht gut miteinander aus.

Ich frage noch ein bißchen, z. B. nach Tills Lieblingsbeschäftigungen: Er geht der Oma gerne zur Hand, z. B. bei bestimmten Küchenarbeiten. Er darf bei der kleinen Wäsche von Hand helfen und stellt sich dabei sehr gut an! Und im Supermarkt ist er „super" im Finden von Butter, Wäscheklammern und Zwiebeln, auch nach einer Spülbürste kann man ihn schon mal schicken.

Wenn er genug „geschafft" hat, gibt es niemand zufrie-
deneren als Till: Er sitzt da und „ruht in sich"!

Ist das wirklich dasselbe Kind? Jedenfalls mache ich bei
nächster Gelegenheit Frau M. den Vorschlag, mit Till ein
verlängertes Wochenende zu Gast auf einem Bauernhof zu
verbringen. „Wenn Sie meinen? – Ich kann's ja mal probieren. – Hoffentlich scheint wenigstens die Sonne!"
  Sechs Wochen später sehen wir uns wieder. Frau M. ist
sehr gut aufgelegt und berichtet:

Till hat an drei Tagen dreihundert Dinge erlebt: Er war
beim Heuen dabei und half mit dem Kinderrechen, den
andere Gäste zurückgelassen hatten. Für den Hühnerstall
mußte ein Fundament gegossen werden, und er durfte Kie-
selsteine in den Zement werfen, bis es „genug" war. Beim
Kälbchenfüttern hatte er auch alle Hände voll zu tun. Die
Bäuerin spannte ihn ein, als sie feststellte, daß er so gut im
Anreichen von Wäscheklammern war. Abends mußten
die Hühner im Garten aufgestöbert und in Richtung Stall
gescheucht werden. Dabei mußte man unter jedem Busch
nachsehen, ob nicht eine eigensinnige Henne ihr Ei dort-
hin gelegt hatte. Zweimal fand Till eines und brachte es
eigenhändig in die Küche. Natürlich bekam er es extra
gekocht...

Ob sie denn auch sonniges Wetter hatten? – Ach, das war
gar nicht mehr wichtig für Frau M. Sie hatte ihren Sohn auf
eine ganz neue Art kennengelernt und soviel Spaß mit ihm
zusammen gehabt, das war mehr als vier Wochen Sonnenschein!

Johannes ist gut drei Jahre alt und das dritte von vier Kin-
dern. Sein Problem: Er stottert in bestimmten Situationen.
wenn die Familie vollzählig ist, hat er es besonders
schwer, sich mitzuteilen. Dabei sind die großen Geschwi-
ster eigentlich sehr geduldig mit ihm, lassen ihm viel Zeit

und nehmen ihn ernst, wenn er etwas zu sagen hat. Sein kleiner Bruder ist mit seinen zwei Jahren schon beinahe weiter und sicherer im Sprechen.

Vor allem, wenn er sich unter „Mitteilungsdruck" stellt, wenn er also das Gefühl hat: Jetzt ist der Moment, jetzt muß ich es sagen, hat er große Mühe, etwas herauszubringen.

In letzter Zeit hat sich dazu noch eine Tic-Symptomatik entwickelt: In Streß-Situationen hebt er die Hände, streicht sich mit bizarren Bewegungen über Haar und Gesicht. Oft versucht er, mit heftigem Schreien „durchzukommen".

Kürzlich machte er den Fernseher an, während das Frühstück gerichtet wurde. Als die Mutter kam und ihn aufforderte: „Mach das aus und komm zum Frühstück!" schrie Johannes lauthals: „Komm nich! Fertig sehen!"

Johannes hat aus mehreren Gründen Mühe, sich in der großen Familie durchzusetzen:

- Neben den Eltern gibt es zwei ältere Geschwister. Da wird immer *sehr viel gesprochen,* und oft geht für ihn einiges *durcheinander.*
- Der unbekümmerte kleine Bruder stiehlt ihm immer öfter die Schau: Der ist ein wenig fixer mit dem Mundwerk, wenn auch weniger gründlich im Nachdenken. Das bringt Johannes in *Zeitnot.* Er fängt an zu stottern und zieht erst recht den kürzeren.
- Aber nicht nur verbal, auch im *Machen* landet Johannes oft *zwischen den Stühlen:* Die großen Geschwister gehen den Eltern tüchtig zur Hand, so daß das Familien-Management sehr gut eingespielt ist und bisher niemand auf die Idee kam, auch ihn einmal einzuspannen. Es hätte nur aufgehalten.
- Wenn Johannes doch einmal einen Beitrag zu leisten versucht, bekommt er fast immer vorschnell *geholfen,* oder man *korrigiert* ohne viele Worte seine Unvollkommenheiten.

133

Resultat: Johannes' *Selbstwertgefühl leidet* einerseits unter den *Mißerfolgen in der Kommunikation*, andererseits unter der Tatsache, daß man ihn *nicht braucht*. Er hat in der Geschwisterreihenfolge eine unangenehme Rolle: Durch die tüchtigen Großen ist er ähnlich *benachteiligt*, wie wenn er der Jüngste wäre, ohne aber wirklich das Nesthäkchen zu sein, also *ohne dessen Vorteile:* Für Johannes ist der kleine Bruder der von allen geliebte, vielbeachtete Star der Familie.

Seine vorläufige Problemlösung: Er muß sich *„starkmachen"*, um sich *„besser fühlen"* zu können. Sein Schreien ist so zu verstehen, auch seine *Tic-artigen Gesten:* In der Fachsprache würde man von *Aggressionen* sprechen, die vom Patienten *„sublimiert"*, nämlich durch Verwandlung abgeschwächt und maskiert werden.

Etwas vereinfachend kann man sagen: Johannes hat Mühe, seinen Platz in der Geschwisterreihenfolge zu akzeptieren. Es fehlt ihm das erlebte Gefühl, *zu etwas nütze* zu sein. Auf das letztere können wir Eltern Einfluß nehmen, auf das erstere weniger; und so ergibt sich ein letzter, ein

---

Achter Merksatz: **Ich will merken, wie tüchtig ich bin!**

Wir werden gleich auf Johannes zurückkommen und beobachten, wie es weiterging. Zwischendurch schauen wir mal bei Clara herein:

Clara ist zwei Jahre alt. „Was tut sie denn am liebsten?" frage ich die Mutter bei der Vorsorgeuntersuchung. „Arbeiten!" ist die Antwort, „da ist sie richtig in ihrem Element!" – „Was denn so?" will ich wissen. Bereitwillig zählt die Mutter auf:
- *schmutzige Wäsche in den Wäschekorb bringen,*
- *die Waschmaschine füllen und ausräumen,*
- *Klammern reichen beim Wäscheaufhängen,*
- *Tisch decken,*

- *Besen und Kehrblech holen,*
- *Putzen, vor allem trocken nachwischen,*
- *Windeln oder Müll wegbringen,*
- *in der Küche helfen, z. B. Salat waschen, Kirschen im Kuchenteig „versenken" u.v.m.,*
- *Blümchen pflanzen auf dem Balkon oder in Omas Gärtchen, Unkraut jäten.*

Clara hat mir übrigens ein Sträußchen Gänseblümchen mitgebracht. Danke, Clara!

Gut, Clara hat keine älteren Geschwister, und das jüngere ist erst im Werden. Das sichert ihr die ungeteilte Aufmerksamkeit der Eltern. Aber sie hat auch Glück mit ihnen: Eigentlich wird immer irgend etwas Produktives getan. Und das scheint Clara geerbt oder sich abgeschaut zu haben (ich denke, beides stimmt), jedenfalls ist sie immer zur Stelle, wenn etwas *passiert*. Dadurch stellt sie sich auch schon außergewöhnlich geschickt an für ihre zwei Lebensjahre. Man kann sie schon eine Menge Dinge heißen, und täglich gibt es ungezählte Gelegenheiten, sie zu loben.

Clara drückt *mit ihrem fröhlichen Schaffen* für mich etwas aus, was ich verallgemeinern möchte, was genauso auch für Jugendliche, Erwachsene, auch für alte Menschen zutrifft:

Es macht Spaß, wenn mir etwas gelingt! Fasziniert zuschauen, wo gearbeitet wird, sich dabei etwas abgucken, es dann *selber* anpacken, dabei *Fehler* machen, sie möglichst *selber erkennen*, es besser machen und schließlich sehen und sagen können: *Das habe ich gut gemacht!* Tatkräftige Leute sind deshalb fast immer gut gelaunt.

Heimwerker sind Selbermacher, weil so das Geld weiter reicht, fast alle sind es aber auch aus Passion, und Kinder gehören von Natur aus zu den *passionierten Machern!* Und wer sich seinen Pullover selber strickt, erlebt sicher bald auch beim Kind die Freude am Selbermachen.

Es macht Spaß, schlau zu sein! Daher macht es Kinder froh (und Erwachsene ebenso!), wenn sie etwas *wissen:*

- Wenn sie das Puzzle zusammenbringen,
- wenn das Bilderlotto vollständig gelegt ist,
- wenn sie beim Memory aufgepaßt haben,
- wenn man sie etwas holen heißen kann,
und wenn sie wissen,
- wie man sich die Schuhe bindet,
- wie man (später) einen platten Fahrradreifen flickt oder einen Knopf annäht,
- wie man Eier ausbläst, um schönen Osterschmuck verschenken zu können,
- wie man (noch später) eine alte Uhr oder ein Moped aus dem Sperrmüll wieder zum Laufen kriegt usw.

Ich will mit diesem Ausblick auf spätere Jahre sagen: Die frühe Erfahrung, daß tätiges Lernen und Anwenden der erworbenen Fähigkeiten uns viel zurückgibt, werden unsere Kinder später nicht mehr missen wollen.

Wir haben es wieder mit einer *Selbstregulation* zu tun: Clara „arbeitet" nicht, weil sie es *soll*, sondern weil sie es *will*. Es bereitet ihr unbändige Freude und verschafft ihr eine tiefe Befriedigung. Sie hat durch Beobachtung ihrer Eltern und ebenso an sich selbst erfahren: Mach was Schönes, dann hast du was Schönes, z. B. zum Essen, zum Anschauen, zum Spielen.

Für manches „Machen" gilt freilich: *„Alleine machen"*, und für anderes das *„Dabeisein und mitmachen"*. Sie sehen, wir brauchen die *Merksätze aus Kap. 3 und 4* zum *Tüchtigwerden*! So oder so, diese Erfolgserlebnisse machen zu Recht stolz und heben das Selbstbewußtsein ungemein!

Ich habe Ihnen versprochen, zu *Johannes* zurückzukehren und zu schildern, wie es mit ihm weiterging:

In einem Gespräch mit den Eltern wird zunächst ein Konzept erstellt, das auf eine Beschäftigungstherapie hinausläuft, aber nicht in dem Sinne, Johannes „nur" zu beschäftigen. Wichtig dabei ist, daß er seine Nützlichkeit sehen und erleben kann. Wir nehmen also vor allem Tätigkeiten in das „Arbeitsprogramm" auf, die nicht nach Kin-

derspiel aussehen. Eher ähneln sie dem Wochenpensum
Claras. Dazu kommen – Johannes ist ja ein gutes Jahr
älter – weitere „starke" Arbeiten:
- *Wäschestapel in die Kommode einräumen,*
- *die Hemden und Blusen ordentlich auf Bügel hängen,*
- *die Gummistiefel saubermachen,*
- *die Küche oder den Balkon fegen,*
- *die Einkäufe als Laden-ortskundiger Jäger und*
  Sammler begleiten („Johannes, ich habe vergessen,
  wo das Tomatenmark liegt – weißt du es?"),
- *das Eingekaufte in den Küchenschrank räumen usw.*

Wegen des Stotterns vereinbaren wir unter anderem,
daß die Familie sich klare Regeln gibt, die das Zuhören
und Ausredenlassen betreffen. Das Lautwerden solle –
egal, wem das passiert! – damit beantwortet werden, daß
alle anderen im Chor flüstern:

Leise, leise, leise
ist die bessre Weise!

Falls nötig, solle der Betreffende eine Runde aussetzen.

Erstaunlich, wie rasch die Veränderungen Erfolg haben:
Nach zwei Wochen schon fühlt sich Johannes viel sicherer.
Innerhalb der Familie stottert er kaum noch. Die Schrei-
attacken hat er auch nicht mehr nötig.

Statt dessen redet er öfter vom Kindergarten, wo er für
den kommenden Monat angemeldet ist und schon mal
reinschnuppern durfte.

Johannes hat seine „Ungereimtheiten" zum größten Teil
innerhalb weniger Monate abgelegt.

Ich hatte die Eltern übrigens darin bestärkt, den Schritt
in den Kindergarten gerade jetzt zu tun. Das hilft nämlich
im allgemeinen ganz erheblich bei der Suche nach dem
Selbst-Wert. Meist schon nach kurzer Eingewöhnungszeit
kennt sich das Kind in seiner neuen Gemeinschaft aus, erlebt die Gleichaltrigen, die teilweise ähnliche Probleme
haben, und findet Anerkennung durch Beteiligung an dem,
was zu tun ist, an dem, *„was gespielt wird".*

In einem *guten Kindergarten* findet es Strukturen, die ihm die zeitliche Orientierung, das Akzeptieren von Ordnungen und Notwendigkeiten erleichtern, die ihm aber auch helfen, seine Fertigkeiten zu entdecken und fortzuentwickeln:

Neben Freiräumen gibt es gemeinsam erlebtes Spielen, Sprechen und Singen im großen Kreis und eine feste Zeitvorgabe für die gemeinsame Mahlzeit. Durch Vergabe von „*Ämtern*" und Zuordnung von *Helfern* fürs Vorbereiten, Verteilen und Abräumen gelingt es „wie von allein", *Gemeinsinn zu fördern* im Sinne von Gefühl für das soziale Miteinander, von Hilfsbereitschaft und Übernahme von Verantwortung.

Schon die Kleinsten spüren: *Unser Beitrag ist wichtig,* ohne uns würde es nicht so gut laufen! Um so mehr traut man den Größeren zu, und die künftigen Schulkinder haben schon die schwierigeren Funktionen zu gewährleisten, werden bereits in die Koordination miteinbezogen.

Selbst unruhige *Zappelphilippe* übernehmen die ihnen gestellte Aufgabe, die es zu meistern gilt! Täglich gelingt es, dem hochgesteckten Ziel sinnvoller Kinderbetreuung ein wenig näher zu kommen, so daß jedes Kind mit persönlicher Bereicherung nach Hause geht. Es will eben ernstgenommen werden in seiner stetig wachsenden Kompetenz.

So kann es seine beiden wichtigsten Bedürfnisse mit einander in Einklang bringen: einmal sein Bedürfnis nach *Bewegung,* zum anderen sein *Bestreben, sich zugehörig zu fühlen (s. Kap. 4),* eingeordnet zu sein in ein „maßgebendes", gemeinsames, rhythmisches Tun, das bestimmten Gesetzmäßigkeiten und Spielregeln unterliegt[30].

Möglicherweise hat man das vergessen in gewissen Kindergärten, die das beliebige, „selbstbestimmte" Verzehren der mitgebrachten Stärkung propagieren und so den Kindern das *täglich wiederkehrende Erlebnis einer tüchtigen Gemeinschaftsleistung* verwehren.

Entrüstete Gegenstimmen mögen einwenden, solche Erlebnisse seien auch anders möglich, etwa beim Spiel, bei gemeinsamen Großbauten. Schön und gut, aber: Essen wollen wir täglich, und die nötigen Vorbereitungen haben einen ganz *praktischen Nährwert*, während die Notwendigkeit des Spielens nicht von allein einleuchtet.

Es gibt inzwischen unterstützenswerte Einrichtungen, die noch einen großen Schritt weiter gehen in der Förderung der Kinder, was ihre *Bereitschaft zu tätigem Einsatz, Verständnis und Verantwortung füreinander* angeht. So hat ein Kinderhaus mit Kindern zwischen sechs Monaten und elf Jahren (!) bereits die besten Erfahrungen gesammelt[31]: Die Großen übernehmen dort mit ernsthaftem Interesse *Patenschaften* für die Kleinen, entsprechend der Situation in großen Familien. Soziales Lernen gelingt wie von allein. Ohne die beschriebenen stringenten, d. h. bindenden Strukturen wäre ein solches soziales Miteinander gar nicht möglich!

Zurück zu uns, den Eltern: Bereits in den ersten Jahren können unsere Kinder ihren kleinen *Beitrag leisten am gemeinsamen Gelingen* und, was das Wichtigste ist, *Spaß daran haben* wie Clara und Johannes! Außerdem achten wir darauf, daß sie

- unnötige *Abhängigkeiten* rechtzeitig ablegen,
- sich nicht länger als nötig *füttern* lassen,
- sich möglichst bald selbst *aus- und anziehen, zur Toilette gehen, die Hände waschen,*
- nicht noch im dritten Lebensjahr sich regelmäßig im *Buggy* fahren lassen, sondern zu Fuß gehen.

Dadurch erreichen wir, daß das allmählich heranwachsende Kind jeweils altersgerecht seine Kompetenzen erweitert und anwendet. So hat es vieles *Unangenehme*, was uns das Elternsein manchmal regelrecht vergällen kann, erst *gar nicht nötig*:

- *Vermehrte Aggressivität,*
- *Wutattacken, alltäglicher Ärger bei Tisch,*
- *allnächtliche Störungen und Ansprüche,*

- *Siegenmüssen beim Betteln um Eis, Süßigkeiten u. a.,*
- *Gewinnenmüssen beim Mensch-ärgere-dich-nicht,*
- *auftrumpfendes Imponiergehabe usw.*

Vordergründig sieht es so aus, als stünden wir vor der Entscheidungsfrage: Wollen wir unsere Kinder durch *freilassende Erziehung* zu frei entscheidenden Menschen reifen lassen oder sie mit *straffen Regeln* einengen und so zur Gemeinschaft führen, unter Verzicht auf volle Souveränität?

Zum Glück handelt es sich nicht um einen echten Zielkonflikt! Eines wäre nämlich so falsch wie das andere: Das *anfänglich sichere Geleit* befähigt das Kind überhaupt erst, mit jeder einzelnen Reifungsstufe *schrittweise* ein neues Stück Freiraum durch eigene Initiative zu betreten, dann allmählich beherzter davon Besitz zu ergreifen und ihn schließlich souverän zu seiner weiteren Entfaltung zu nützen. Auch die verschiedenen Lagen eines Musikinstruments werden durch unendliche Mühe Schritt für Schritt erobert, und *erst am Ende* steht die virtuose Beherrschung des gesamten Klangraums: Das erst ist Meisterschaft und vollendete Musik!

Kurz: *Halt geben heißt, das Kind zur Freiheit befähigen!* Wenn wir glauben, auf das Halt-Gewähren verzichten zu können, dann werden wir bald feststellen, daß ein Kind in aller Regel *überfordert ist durch grenzenlose Freiheit*, besonders, solange es noch klein ist. Wenn es *keine Mühe aufwenden* muß, um die nächste Stufe zu erklimmen, wird es Störungen entwickeln, die unser Zusammenleben bald erheblich beeinträchtigen werden.

Fehlt es an stützendem Halt einerseits, an Gelegenheit zu tüchtiger Selbsterprobung andererseits, wird das Kind sein Selbstwertgefühl überwiegend darauf stützen, daß seine angeblichen Bedürfnisse und Ansprüche stets befriedigt werden. *Innerlich unbefriedigt* bleibt es nimmersatt, steht seiner Entfaltung im Weg und wird für seine Eltern und Geschwister zur unerträglichen Last. Und später, in Kindergarten und Schule, wird es kaum besser sein.

Das Selbstwertgefühl des „tüchtigen" Kindes hingegen gründet sich auf das *solide Fundament des Selber-Könnens*, eingebettet in das „Erdreich" der *sozialen Gemeinschaft*. Auf die genannten Behelfsstützen kann es locker verzichten!

Zusammengefaßt:

Dem Tüchtigen gehört die Welt, sagt ein Sprichwort. Und glücklich ist er dabei obendrein, möchte ich hinzufügen. Nicht erst in ferner Zukunft, sondern gleich von Anfang an!

Wir *helfen* unseren Kindern, zu den Tüchtigen zu gehören, indem wir *ihre wahren Wünsche unterstützen:*

- Sich in eine *vorbestehende Ordnung* wie in eine *Nische* einfügen zu dürfen, sie mit zunehmendem Können und Wachsen auszufüllen und allmählich zu erweitern.
- *Selber tun* vermittelt starke Gefühle! *Probieren* dürfen, was geht und was nicht. *Die Folgen erleben und daraus lernen!*
- Mit dem Können und Wachsen geht es *schneller und leichter*, wenn das Tüchtigsein Hand in Hand mit denen erlebt wird, die schon *Erfahrung* darin haben. Motto: *Gemeinsam starke Sachen machen, macht stark!*

Liebe Leserin, lieber Leser, erlauben Sie mir zum Abschluß noch ein letztes Bild:

Die Entfaltung eines Kindes gleicht dem Aufbrechen einer Rosenknospe: Fein gefältelt ist alles schon darin enthalten, auf wundersame Weise vorbereitet für den Augenblick des Erblühens. Die Entfaltung der ganzen Pracht ist aber nur möglich durch die feste Hülle der schützenden Kelchblätter, die langsam nachgebend sich öffnen und die wunderschöne, wohlgeordnete Blüte behutsam freigeben, wenn es an der Zeit ist!

Anmerkungen, Literaturhinweise

[1] Saint-Exupéry, A.: Die Stadt in der Wüste. Bd. 2. Zit. n.: Saint-Exupéry, A.: Man sieht nur mit dem Herzen gut. Freiburg 1991
[2] Prekop, J.: Der kleine Tyrann. München 1988
[3] Leboyer, F.: Sanfte Hände. Die traditionelle Kunst der indischen Baby-Massage. München 1983
[4] Dreikurs, R., Gray, L.: Kinder lernen aus den Folgen. Wie man sich Schimpfen und Strafen sparen kann. Freiburg 1991
[5] Renggli, F.: Angst und Geborgenheit. Soziokulturelle Folgen der Mutter-Kind-Beziehung im ersten Lebensjahr. Reinbek b. H. 1974
[6] Bensel, J., Haug-Schnabel, G.: Primär exzessives Schreien in den ersten 3 Lebensmonaten. In: H. Keller (Hrsg.): Handbuch der Kleinkindforschung, 2. rev. Aufl., Bern (im Druck)
[7] Papousek, H., Papousek, M.: Vorsprachliche Kommunikation. Anfänge, Formen, Störungen und psychotherapeutische Ansätze. In: H. G. Petzold (Hrsg.): Die Kraft liebevoller Blicke. Psychotherapie & Babyforschung, Bd. 2. Paderborn 1995
[8] Lothrop, H.: Das Stillbuch. München 1995
[9] Stern, D. N.: Tagebuch eines Babys. München 1997
[10] Ungerer, T.: Kein Kuß von Mutter. Zürich 1992
[11] Pikler, E.: Laßt mir Zeit! München 1988
[12] Prekop, J.: ebenda
[13] Michaelis, R.: Überlegungen zur motorischen Entwicklung des Kindes. In: Monatsschr. Kinderheilkd. 133 (1985)
[14] Hassenstein, B.: Verhaltensbiologie des Kindes. München 1987
[15] Truchis, C. de: Wie Ihr Baby Vertrauen gewinnt – zu sich selbst und in die Welt. Freiburg 1997.
[16] Piaget, J.: Entwicklungspsychologie. Frankfurt/M.
[17] Dreikurs, R., V. Soltz: Kinder fordern uns heraus. Stuttgart 1966

142

[18] Die Frage, ob immer beide Brüste gereicht werden oder jeweils nur eine, kann nur individuell beantwortet werden. Wenn wie in Ginos Fall die Mutter viel Milch hat, bestärke ich sie, jeweils einseitig zu stillen. Viele erstaunt das, aber bis vor etwa dreißig Jahren war das ohnehin der Normalfall! Beide Brüste gab es nur, wenn das Kind nicht gedieh, oder im Fall von Zwillingen.

[19] Bensel, J., Haug-Schnabel, G.: Ebenda

[20] Kluge, F.: Etymologisches Wörterbuch der deutschen Sprache. Berlin 1995

[21] Kluge, F.: ebenda

[22] Meves, C.: Manipulierte Maßlosigkeit. Freiburg 1971

[23] Guggenbichler, J. P., Erlangen: Pers. Mittlg.

[24] Pikler, E., Budapest: Pers. Mittlg.

[25] Guggenbichler, J. P., Erlangen: Pers. Mittlg.

[26] Eine sehr empfehlenswerte Zusammenfassung dieser Problematik finden betroffene Eltern in: Bernan, S.: Hilfen für den Zappelphilipp. Das Selbsthilfe-Elternbuch. Freiburg 1995

[27] Zwangsläufig weist die Thematik des vorliegenden Buchs breite Berührungsflächen auf mit dem Feld der primären Suchtprävention. Siehe hierzu auch: Sieß, H., Müller-Herzog, U.: Ich-Stärke von Anfang an. In: Stadt Freiburg i. B. (Hrsg.): Dokumentation der Koordinationsstelle für Suchtprophylaxe, Bd. 7. Freiburg 1997

[28] Niederhoff, H.: Kinderkrankheiten von A-Z. Freiburg 1996

[29] Elschenbroich, G.: Du machst uns verrückt. Hilfen für unruhige Kinder und ihre Eltern. Freiburg 1983

[30] Elschenbroich, G.: ebenda

[31] Schulze, M.: Vom Kindergarten zum Kinderhaus. In: Festschrift zur Einweihung des Kinderhauses St. Alban – St. Jakobus. Mainz 1996

Kindern leben helfen

Gerda Wichtmann
Kinder brauchen Orientierung
Ein praktischer Ratgeber
nach Maria Montessori
Band 4608

Rebeca Wild
**Kinder wissen,
was sie brauchen**
Hrsg. von Lienhard Valentin
Band 4605

Emmi Pikler/Anna Tardos
Miteinander vertraut werden
Wie wir mit Babies und
kleinen Kindern gut
umgehen – ein Ratgeber
für junge Eltern
Band 4537

Xenia Frenkel
**Was tut die Bananenschale
unterm Bett?**
Im Kinderchaos Nerven
bewahren und Spielregeln
finden
Band 4499

Walter Pacher
**Wenn Kinder keine
Grenzen kennen**
Konflikte lösen ohne
Machtanwendung
Band 4494

Antje Friese/
Hans-Jürgen Friese
Aufregen hilft nicht, Mama!
Wie Eltern die großen
Probleme ihrer Kinder
verstehen und helfen können
Band 4359

Emil E. Kobi/Heidi Roth
**Kinder von Aggressiv
bis Zerstreut**
Ein Ratgeber für den
Erziehungsalltag
Band 4182

Emmi Pikler
**Friedliche Babys –
zufriedene Mütter**
Pädagogische Ratschläge
einer Kinderärztin
Band 4141

Walter Pacher
**Wenn Kinder immer
anders wollen**
Mehr Sicherheit und
Gelassenheit für Eltern
Band 4118

Rudolf Dreikurs/Loren Grey
**Kinder lernen
aus den Folgen**
Wie man sich Schimpfen und
Strafen sparen kann
Band 4055

HERDER / SPEKTRUM